MIX
Papier aus verantwortungsvollen Quellen
Paper from responsible sources
FSC® C105338

Haftungsausschluss:

Die Ratschläge im Buch sind sorgfältig erwogen und geprüft. Alle Angaben in diesem Buch erfolgen ohne jegliche Gewährleistung oder Garantie seitens des Autors und des Verlags. Die Umsetzung erfolgt ausdrücklich auf eigenes Risiko. Eine Haftung des Autors bzw. des Verlags und seiner Beauftragten für Personen-, Sach- und Vermögensschäden oder sonstige Schäden, die durch die Nutzung oder Nichtnutzung der Informationen bzw. durch die Nutzung fehlerhafter und/oder unvollständiger Informationen verursacht wurden, ist ausgeschlossen. Verlag und Autor übernehmen keine Haftung für die Aktualität, Richtigkeit und Vollständigkeit der Inhalte und ebenso nicht für Druckfehler. Es kann keine juristische Verantwortung und keine Haftung in irgendeiner Form für fehlerhafte Angaben und daraus entstehende Folgen vom Verlag bzw. Autor übernommen werden.

Sollte diese Publikation Links auf Webseiten Dritter enthalten, so übernehmen wir für deren Inhalte keine Haftung, da wir uns diese nicht zu eigen machen, sondern lediglich auf deren Stand zum Zeitpunkt der Erstveröffentlichung verweisen.

Bibliografische Informationen der Deutschen Nationalbibliothek
Die Deutsche Nationalbibliothek verzeichnet diese Publikation in der Deutschen Nationalbibliografie; detaillierte bibliografische Daten sind im Internet über http://dnb.dnb.de abrufbar.

1. Auflage 2023
© 2023 by Remote Verlag, ein Imprint der Remote Life LLC, Powerline Rd., Suite 301-C, 33309 Fort Lauderdale, Fl., USA
Alle Rechte vorbehalten. Vervielfältigung, auch auszugsweise, nur mit schriftlicher Genehmigung des Verlags.

Redaktion: Marie Mika
Lekotrat: Annika Gutermuth
Korrektur: Markus Czeslik und Fabian Galla
Umschlaggestaltung: Zarka Ghaffar
Satz und Layout: Zarka Ghaffar
Illustrationen und Grafiken: Zarka Ghaffar

ISBN Print: 978-1-955655-72-9

www.remote-verlag.de

300 ABENTEUE FÜR DIE GANZE FAMILIE

VORWORT	7
Wobei euch dieses Buch helfen kann und wobei nicht	7
Für wen ist das Buch geeignet?	7
	9
WAS IST EINE BUCKETLIST?	11
SO KANN EINE BUCKETLIST EUER FAMILIENLEBEN BEREICHERN	13
LOS GEHT'S: SCHRITT FÜR SCHRITT ZUR FAMILIEN-BUCKET-LIST	13
1. Schritt: Brainstorming	18
2. Schritt: Holt euch Inspiration	21
3. Schritt: Auswahl der Punkte auf eurer Bucketlist	24
4. Schritt: Bucketlist schreiben	

LASST EUCH INSPIRIEREN – 300 IDEEN FÜR EURE BUCKETLIST

(Mikro-)Abenteuer	26
Adrenalin	27
Draußen	31
Sportlich	41
Gemeinsam Gutes tun	64
Nostalgie & Erinnerungen	71
Entdecken, Lernen & Experimentieren	80
Kreativ	86
Kulinarisch	94
Verrückte und alberne Ideen	106
Kultur	114
Mit Tieren	128
Reisen	134
	138

SECHS TIPPS FÜR DAS LEBEN MIT EURER BUCKETLIST ... 172

1. Tipp: Nehmt den Druck raus ... 172

2. Tipp: Beginnt mit einem «leichten» Punkt ... 172

3. Tipp: Die Bucketlist präsent halten ... 173

4. Tipp: Eure Bucketlist dynamisch halten ... 174

5. Tipp: Haltet eure Erinnerungen fest ... 175

6. Tipp: Inspiriert andere ... 179

WEITERFÜHRENDE QUELLEN ... 222

VORWORT

Fällt euch auch manchmal die Decke auf den Kopf, weil euch die Ideen ausgegangen sind, was ihr noch unternehmen könntet? Eine Bucketlist ist genau das Richtige für euch, wenn ihr keine Lust mehr auf Standardaktivitäten wie Schwimmbad oder Kino habt und auf der Suche nach aufregenden Unternehmungen mit der ganzen Familie seid. Denn eine Bucketlist unterstützt euch dabei, euren Alltag als Familie bunter und abwechslungsreicher zu gestalten. Auf dieser Liste stehen all eure großen und kleinen Träume, Ziele und Wünsche, dir ihr gemeinsam realisieren möchtet. Wie wäre es etwa mit einem Winter-Picknick, einer Fahrt in der Draisine oder einer Nacht unter freiem Himmel? Die bestandenen Abenteuer und gemeinsam erlebten Eskapaden bringen nicht nur ordentlich Schwung in euer Familienleben, sondern stärken zugleich eure familiäre Bindung und schaffen wundervolle Erinnerungen.

WOBEI EUCH DIESES BUCH HELFEN KANN UND WOBEI NICHT

Dieses Buch soll euch ein Ratgeber für eure eigene, ganz persönliche Familien-Bucket-List sein. Zwar findet ihr auf den folgenden Seiten über 300 Inspirationen für gemeinsame Erlebnisse, doch dieses Buch ist keine vorgefertigte Liste an Dingen, die ihr als Familie unbedingt erleben müsst. Schließlich sind eure Interessen, Pläne und Voraussetzungen vielfältig. Ziel ist vielmehr, dass ihr mithilfe dieses Buches eure eigene Familien-Bucket-List erstellt. Dies erfordert etwas mehr Einsatz von euch, dafür habt ihr im Endergebnis aber eine Bucketlist, die ganz zu euch und euren persönlichen Zielen passt.

Daher werdet ihr, bevor es zu den Ideen eurer persönlichen Liste geht, zunächst einen Theorieteil finden. Hier erfahrt ihr, was der Gedanke hinter einer Bucketlist ist und wie sie euer Familienleben bereichern kann. Anschließend geht es ans Eingemachte und ihr lernt, wie ihr Schritt für Schritt, über das erste Brainstorming bis hin zur Gestaltung, eure individuelle Bucketlist erstellt. Selbstverständlich findet ihr in diesem Buch auch viele Inspirationen. Eine Bucketlist ist schön und gut, doch solange ihr nicht in die Phase der Umsetzung kommt, bringt sie euch wenig. Daher werdet ihr in diesem Buch auch Tipps finden, wie ihr sie in euren Alltag integrieren und die Punkte auch wirklich umsetzen könnt.

Im hinteren Teil des Buches findet ihr einen interaktiven Teil. Eine tolle Sammlung mit schönen Erinnerungen. Es sind eure Geschichten, die in dieses Buch gehören.

FÜR WEN IST DAS BUCH GEEIGNET?

Dieses Buch eignet sich für alle Familien, die gemeinsam ihrer Abenteuerlust und Neugierde nachgehen und die Welt erobern wollen. Hiervon darf sich ausdrücklich jede Familie angesprochen fühlen. Ganz gleich, wie eure Familienkonstellation aussieht. Denn was Familie bedeutet und wer zu dieser zählt, kann individuell unterschiedlich sein. Jede Familie ist für sich besonders und einzigartig.

Schwerpunktmäßig richtet sich das Buch zwar an Familien mit Kindern im Grundschulalter, es finden sich unter den Vorschlägen aber auch einige Ideen für Familien mit Teenagern oder Babys. Ebenso können auch Familien mit erwachsenen Kindern oder sogar ohne Kinder von diesem Buch profitieren. Man ist schließlich nie zu alt, sich wie ein Kind zu fühlen und den Moment einzufangen. Einzige Bedingung: Ihr seid offen gegenüber Veränderungen und mutig genug, neue Dinge auszuprobieren.

WAS IST EINE BUCKETLIST?

Es waren einmal zwei Männer, die verschiedener nicht hätten sein können. Der eine, Cole, mürrisch und reich wie Dagobert Duck. Der andere, Chambers, ist hochgebildet, als Automechaniker aber mit bescheideneren finanziellen Mitteln ausgestattet. Was beide Männer vereint, ist der Krebs, dasselbe Krankenhauszimmer und eine Lebenserwartung von wenigen Monaten. Trotz ihrer Gegensätze nähern sie sich aufgrund ihres ähnlichen Schicksals an und werden Freunde. Chambers beginnt im Krankenbett eine sogenannte Bucketlist zu erstellen. Auf dieser Liste stehen Dinge, die er in seinem Leben noch erleben will, bevor er «den Löffel abgibt». Cole macht sich erst über Chambers' Liste lustig. Dann findet er allerdings so viel Gefallen an der Idee, Pläne für die verbleibende Zeit zu schmieden, dass er beginnt, eigene Punkte zu der Liste hinzuzufügen. Schließlich erstellen beide Männer eine gemeinsame Liste und gehen mit Coles Privatjet auf Reisen, um all diese Dinge zu erleben. Sie springen mit einem Fallschirm aus einem Flugzeug, bestaunen die Pyramiden in Ägypten und fahren einen Shelby Mustang. Die Liste enthält aber auch nicht-materielle Punkte wie bspw. so sehr zu lachen, bis man weint, oder auch einem fremden Menschen etwas Gutes tun. Vielleicht kommt euch die Handlung bekannt vor. Sie beschreibt den Inhalt des Films «Das Beste kommt zum Schluss» (der englische Titel ist «The Bucketlist») mit Jack Nicholson und Morgan Freeman aus dem Jahr 2007.

Der Film hat das Konzept «Bucketlist» nicht erfunden, wohl aber dafür gesorgt, dass der Begriff an Bekanntheit gewonnen hat – auch im deutschsprachigen Raum. Hierzulande ist euch die Bucketlist vielleicht aus dem Film «Das bescheuerte Herz» (2017) mit Elyas M'Barek bekannt. Er spielt in besagtem Film Lenny, den vermögenden Sohn eines Herzspezialisten. Lenny bekommt nach einer seiner Eskapaden vom Papa die Kreditkarte gesperrt und soll sich, um den Geldhahn wieder aufgedreht zu bekommen, um einen jugendlichen Patienten seines Vaters kümmern. Dabei handelt es sich um den 15-jährigen David, der einen schweren Herzfehler hat und dessen Zustand oftmals lebensbedrohlich ist. Widerwillig nimmt sich Lenny seiner an und erstellt mit David eine Liste all jener Dinge, die der herzkranke Junge noch erleben möchte. Während die Erfüllung der materiellen Wünsche für den Sohn aus reichem Hause kein Problem ist, sieht es da bei immateriellen Wünschen wie «meine Mutter glücklich sehen» schon schwieriger aus. Die Geschichte beruht übrigens auf wahren Erlebnissen. Die Liste mit 25 Dingen, die er in seinem Leben noch erleben will, hat der damals 15-jährige Daniel erstellt und gemeinsam mit seinem Freund, dem Schriftsteller Lars Amend umgesetzt.

Doch was bedeutet eigentlich «Bucketlist»? Das englische Wort «bucket» bedeutet «Eimer» oder «Kübel». Der Ausdruck «to kick the bucket» bedeutet sinngemäß so viel wie «den Löffel abgeben». Entsprechend ist das deutsche Äquivalent für die «Bucketlist» auch die «Löffelliste». Wenn von einer «Bucketlist» die Rede ist, ist folglich eine Liste gemeint, auf der all jene großen und kleinen Dinge stehen, die ihr immer schon mal machen wolltet oder die ihr in eurem Leben erreichen möchtet. Dies können eine Reise zu den Drehorten eures Lieblingsfilms, ein ausgefallenes Familien-Foto-shooting, die Teilnahme an einem Fünf-Kilometer-Lauf, der Besuch eines Bergwerks, eine wilde Essensschlacht oder eine Nacht im Zelt sein.

Aber keine Sorge, wenn euch alle die genannten Beispiele nicht reizen. Denn wie ihr vielleicht schon gemerkt habt: Eine Bucketlist ist eine sehr persönliche Angelegenheit. Es gibt kein Richtig oder Falsch beim Erstellen einer Bucketlist. Nicht jeder möchte einmal auf die Zugspitze wandern, an den Nordpol reisen oder bei einem Spendenlauf mitmachen, während dies für jemand anderen absolute Herzenswünsche sind. So ist es auch völlig legitim, wenn auf eurer Liste Punkte stehen, die in den Augen anderer nichts Besonderes, aber für eure Familie absolute Herzenswünsche sind. Egal, wie klein oder unspektakulär euch etwas erscheinen mag: Solange es für euch bedeutet, euch aus eurer Komfortzone zu bewegen, und ihr euch stolz fühlt, wenn ihr euer Häkchen setzen könnt, hat jedes noch so kleine Erlebnis seine Berechtigung.

Denn die grundlegende Bedeutung einer Bucketlist besteht darin, das Leben voll auszukosten und viele tolle Erinnerungen zu schaffen. Sie ist ein sehr hilfreiches Instrument, um die eigenen Wünsche, Ziele und Träume nicht in Vergessenheit geraten zu lassen und sich bewusst zu werden: Eines Tages ist Schluss. Wir leben nicht unendlich. Das Leben, wie man es eigentlich leben möchte, immer weiter zu verschieben, ist ein gefährliches Unterfangen. Jeder Tag ist wertvoll und verdient es, dass ihr an ihm Abenteuer erlebt oder etwas zum ersten Mal macht.

SO KANN EINE BUCKETLIST EUER FAMILIENLEBEN BEREICHERN

Eine Bucketlist kann euch dazu bringen, euch intensiv mit euren Träumen und Zielen im Leben auseinanderzusetzen. Was wolltet ihr immer schon einmal (gemeinsam) machen? Welche Orte wollt ihr unbedingt sehen? Viele Wünsche geraten durch diese intensive Auseinandersetzung erst ins Bewusstsein. Gleichzeitig führt eine Bucketlist euch vor Augen, dass eure gemeinsame Zeit begrenzt ist. Als Kind erscheint die Zeit bis zum nächsten Geburtstag noch endlos lange. Eltern wissen aber: Mit Kindern rast die Zeit. Eben noch hielt man einen Säugling im Arm, schon erkundet der kleine Liebling auf eigenen Beinen die Welt. Wenig später geht er bereits zur Schule und schon hat man einen Teenager zu Hause sitzen, für den Aktivitäten mit den Eltern nicht immer an erster Stelle stehen. Eine Bucketlist kann eine freundliche Erinnerung daran sein, Pläne nicht immer weiter zu verschieben, sondern das aktuelle Leben voll auszukosten und dem Familienalltag mehr Abwechslung und Spontaneität einzuhauchen.

Denn Schule, Arbeit und Haushalt verlangen eine Menge ab. Eine Bucketlist kann dazu beitragen, trotz diverser Verpflichtungen den Fokus mehr aufs Hier und Jetzt zu legen und eurem Familienleben mehr Pep zu verleihen. Kinder sind hierin noch ziemlich gut: Sie können den Augenblick voll auskosten, in kleinen Momenten pures Glück genießen und im Spiel alles um sich herum vergessen. Fähigkeiten, die Erwachsene manchmal erst wieder erlernen müssen. Manch einem hilft der Gedanke an die Bucketlist, sich bewusst Zeit für die Familie zu nehmen. Gemeinsam zu lachen und Spaß zu haben, ist das, was das Leben so wertvoll macht.

Genau das ist es auch, was eine tolle Kindheit ausmacht. Kinder werden sich nicht daran erinnern, welches Spielzeug und welche Markenkleidung sie besaßen, sondern an die wilde Wasserschlacht, das Winter-Picknick oder die Nachtwanderung. Es sind die gemeinsam verbrachte Zeit und das Gefühl von Wärme und Geborgenheit, die im Gedächtnis bleiben. Gemeinsame Erlebnisse vermitteln das Gefühl, Teil eines Ganzen zu sein, und stärken eure familiäre Verbundenheit. Viele Ziele auf eurer Bucketlist – etwa ein Fahrrad reparieren oder ein Baumhaus bauen – kann der Nachwuchs nur erreichen, wenn Eltern oder größere Geschwister sie anleiten und unterstützen. Das fertige Ergebnis und überwundene Ängste sind nicht nur ein tolles Erfolgserlebnis. Die Erfahrungen und neu erworbenen Fähigkeiten steigern das Selbstvertrauen und ermutigen darin, Stärken weiterzuentwickeln. Eine Bucketlist ist gewiss kein Garant für eine glückliche Kindheit, kann aber einen Beitrag dazu leisten.

Aber auch die erwachsenen Familienmitglieder können von den gemeinsamen Erlebnissen profitieren. Denn Kinder haben die ein oder andere tolle Eigenschaft, die mit zunehmendem Alter gerne mal etwas abhandenkommt. Sie gehen neue Herausforderungen mit Leichtigkeit an, ohne sich den Kopf darüber zu zerbrechen, ob das Vorhaben unrealistisch sein könnte. Um neue Dinge zu probieren, werden auch mal Grenzen ausgetestet und Risiken eingegangen. Eine Neugierde und Unbeschwertheit, die einfach ansteckend ist. Sich mit Kindern auf Abenteuer einzulassen, lässt manch einen das eigene innere Kind wiederentdecken. Überdies ist eine Bucketlist auch eine wunderbare Möglichkeit, mehr über- und voneinander zu lernen, denn neben dem Lieblingsbuch und der Lieblingsserie gibt es so einiges mehr voneinander zu erfahren. Eure Abenteuer und gemeinsamen Projekte sorgen für ordentlich Gesprächsstoff und erweitern euren Horizont.

Gemeinsame Erlebnisse und Ziele sind selbstverständlich nicht an eine Bucketlist gekoppelt. Doch ist es etwas vollkommen anderes, sich Dinge nur in seinen Gedanken auszumalen, als diese schriftlich zu fixieren. Eure Ziele aufzuschreiben, hilft euch, eure verrückten Ideen nicht in Vergessenheit geraten zu lassen, und schafft eine größere Verbindlichkeit. Ihr gebt euch damit selbst ein Versprechen, euer Bestes zu tun, um eure Träume zu verwirklichen.

LOS GEHT'S: SCHRITT FÜR SCHRITT ZUR FAMILIEN-BUCKET-LIST

Genug Theorie! Jetzt geht es ans Eingemachte: das Erstellen eurer Bucketlist. Am besten nehmt ihr euch hierzu ausreichend Zeit. Perfekt ist ein Nachmittag, an dem es so richtig regnet und stürmt. Kuschelt euch mit Keksen und warmem Kakao aufs Sofa und los geht's.

Kleiner Tipp: Schaut euch doch zur Einstimmung einen der beiden Bucket-List-Filme an. Sowohl *Das bescheuerte Herz* als auch *Das Beste kommt zum Schluss* sind freigegeben ohne Altersbeschränkung. So haben alle eine Vorstellung, worum es bei dem Konzept «Bucketlist» geht. Zudem versetzen euch die Filme vielleicht genau in die richtige Stimmung, die ihr zum Formulieren eurer gemeinsamen Ziele und Träume benötigt. Die Filme zu schauen, ist selbstverständlich kein Muss. Allerdings solltet ihr, bevor ihr mit dem Erstellen euer Bucketlist startet, mit allen darüber sprechen, was diese für euch bedeutet und beinhalten soll, außerdem natürlich, was ihr damit erreichen wollt.

Beim Erstellen einer Familien-Bucket-List ist es wichtig, dass auch alle Familienmitglieder einbezogen werden, ganz besonders die Kinder. Immerhin wollt ihr ja eine Familien-Bucket-List erstellen und nicht eure persönliche, bzw. eine als (Eltern-)Paar. Eine Bucketlist, an der alle Familienmitglieder mitwirken, hat nicht nur den Vorteil, dass sich die Interessen und Wünsche von allen auf der Bucketlist wiederfinden, sondern sorgt auch hinterher bei jedem von euch für eine viel stärkere Motivation bei der Umsetzung. Zudem ist bereits das gemeinsame Schreiben ein tolles Erlebnis. Immerhin erfahrt ihr mehr über die Träume jedes einzelnen und findet heraus, was den anderen wichtig ist. Außerdem habt ihr als Ergebnis eine Liste voller Abenteuer, auf die ihr euch gemeinsam freuen könnt.

So weit, so gut. Aber wie stellt ihr es nun an, gemeinsam eine Bucket List zu erstellen? Auf den nächsten Seiten findet ihr eine Schritt-für-Schritt-Anleitung.

1. SCHRITT: BRAINSTORMING

Der erste Schritt hin zur Bucketlist ist ein klassisches Brainstorming. Bei dieser Methode der Ideenfindung dürft ihr alle munter drauflos eure Ideen in die Runde werfen. Ziel ist es, möglichst viele Ideen zu sammeln. Dadurch, dass ihr eure Ideen in der Gruppe äußert, inspiriert ihr einander und könnt Ideen gemeinsam weiterspinnen.

Damit euer Brainstorming funktioniert, braucht es allerdings einige Regeln:

Regel Nr. 1: Keiner macht sich über die Ideen anderer lustig
Die wichtigste Regel lautet: Niemand lacht über die Träume, Wünsche und Ideen eines anderen Familienmitgliedes. So abwegig, unbedeutend, unrealistisch oder speziell euch ein Vorschlag auch erscheinen mag, notiert ihn und amüsiert euch nicht darüber. Denkt immer daran: Kein Erlebnis ist zu klein und unbedeutend für eine Bucketlist. Nirgendwo steht geschrieben, dass die Punkte auf einer Bucketlist pompös sein müssen. Viel wichtiger ist, aus euren Gewohnheiten auszubrechen, Neues zu entdecken und das zu erleben, was euch persönlich wichtig ist. Zudem hat jede Person eine andere Vorstellung von Abenteuer. Für ein Kind muss ein Abenteuer nicht darin bestehen, den Südpol zu erreichen oder den Kilimandscharo zu besteigen. Oft ist es schon ein Abenteuer, einen Bach zu überqueren oder Erdbeeren auf einem Feld zu pflücken.

Optional: Mitunter kann es sein, dass einige Familienmitglieder sehr kommunikativ und andere eher zurückhaltend sind. Dadurch kann es schnell passieren, dass – besonders wenn ihr eine größere Truppe seid – diejenigen Gehör finden, die am lautesten sind. Damit niemand untergeht, kann, insofern alle Beteiligten schon schreiben können, auch jede Person zunächst ein paar Ideen notieren, die dann reihum vorgelesen und weitergesponnen oder ergänzt werden.

Regel Nr. 2: Jede Idee wird aufgeschrieben
Auf dem Mond spazieren, dem amerikanischen Präsidenten die Hand schütteln, ein Pony im Garten halten oder in einem echten U-Boot in die Tiefe der Meere abtauchen – zugegeben: Die Wahrscheinlichkeit, dass ihr diese Ziele erreichen werdet, ist unwahrscheinlich bis unmöglich. Notiert sie dennoch, anstatt sie abzutun! Mehr noch: Ermutigt einander, all eure *unrealistischen*

Träume in die Runde zu werfen. Denn was euch heute unmöglich erscheint, kann in einigen Jahren (oder Jahrzehnten) gar nicht mehr so abwegig sein. Macht daher bitte nicht den Fehler, euch von Anfang an selbst einzuschränken. Eine Bucketlist darf und soll euch ein wenig fordern. Verdrängt einfach mal, dass ihr in euren Augen zu wenig Geld, Zeit, Talent etc. haben könntet. Behaltet im Hinterkopf: Ihr müsst nicht mit diesem Punkt anfangen. Eure Bucketlist wird euch noch eine ganze Weile begleiten.

Zum anderen lässt sich (fast) jeder nicht realisierbare Traum in etwas Mögliches verwandeln. Wie das geht, erfahrt ihr in Schritt Nr. 3.

Regel Nr. 3: Masse statt Klasse
Beim Brainstorming geht es noch nicht darum, die finale Version eurer Bucketlist zu erstellen. Vielmehr gilt die Devise: Je mehr, desto besser. Nicht alle Ideen werden einen Platz auf eurer Bucketlist finden. Sinn dahinter ist es, eurer Kreativität freien Lauf zu lassen und einander zu inspirieren.

Regel Nr. 4: Ihr schreibt eure Bucketlist, nicht eure To-do-Liste
Das Kinderzimmer streichen, die Garage aufräumen und den Kleiderschrank ausmisten – würdet ihr diese Dinge als eure gemeinsamen Träume betrachten? Wohl kaum. Daher sollten lästige Aufgaben im Haushalt und andere unliebsame Dinge, die gemacht werden müssten, auch keinesfalls auf eurer Bucketlist stehen. Es geht um eure Wünsche, schon vergessen? Eine Bucketlist soll euer Familienleben bereichern und für Momente sorgen, an die ihr euch noch Jahre später mit einem Lächeln im Gesicht zurückerinnert. Stellt euch vor, ihr sitzt in einigen Jahrzehnten bei einer Familienfeier zusammen und schwelgt in Erinnerungen. Woran möchtet ihr euch erinnern? Dies wird wohl kaum der Frühjahrsputz sein.

Regel Nr. 5: Eine Person schreibt mit
Nicht vergessen: Damit eure tollen Ideen nicht verloren gehen, bestimmt vorher eine Person, die mitschreibt.

Das waren auch schon die Regeln. Euer Brainstorming kann endlich starten. Eine Hilfestellung sind die folgenden Fragen. Ihr müsst nicht alle Fragen einzeln durchgehen. Betrachtet sie vielmehr als eine Unterstützung, um eure Gedanken in die richtige Richtung zu lenken.

Diese 22 Fragen helfen euch, Ideen für eure Bucketlist zu finden:

1. Welche Orte oder welches Land wollet ihr schon immer einmal besuchen?
2. Welche Aktivitäten möchtet ihr ausprobieren?
3. Was wolltet ihr immer schon mit der ganzen Familie erleben?
4. Welche tollen Erlebnisse möchtet ihr mit dem Rest der Familie noch einmal erleben?
5. Welchen Traum möchtet ihr euch, einem von euch oder jemand anderem erfüllen?
6. Gibt es etwas Schönes, das ihr schon immer für jemand anderen tun wolltet?
7. Wovor habt ihr Angst, möchtet es aber unbedingt tun?
8. Welche Erfahrungen möchtet ihr machen?
9. Welche besonderen Momente möchtet ihr gemeinsam erleben?
10. Über welches Thema möchtet ihr gerne mehr wissen?
11. Was zeichnet euch als Familie aus?
12. Welche Werte vertreten wir? Was ist uns wichtig? In welchem Bereich möchten wir ehrenamtlich aktiv werden?
13. Welche Sportart möchtet ihr lernen?
14. Was möchtet ihr neu lernen?
15. Welches (außergewöhnliche) Gericht möchtet ihr einmal probieren?
16. Gibt es ein Event, an dem ihr unbedingt einmal teilnehmen möchtet?
17. Welche Sprache möchtet ihr sprechen können?
18. Gibt es jemanden (Promis, Vorbilder, entfernte Verwandte etc.), den ihr unbedingt einmal treffen möchtet?
19. Welches Buch möchtet ihr einmal (gemeinsam) lesen?
20. Welchen Film möchtet ihr einmal (gemeinsam) sehen?
21. Was wolltet ihr immer schon mal erleben, habt es aber noch nicht gemacht?
22. Was möchtet ihr in euren Hobbys erreichen?

ÜBUNG: EINE REVERSE-BUCKET-LIST ERSTELLEN

Beim Brainstorming für eure Bucketlist kommen mitunter ganz schön viele Ideen zusammen, was super ist! Bisweilen kann dabei allerdings der Eindruck entstehen, als ob ihr in eurem Leben noch nicht wirklich viel erlebt habt. Die Überlegung, was man eigentlich im Leben erreichen und erleben möchte, lässt einen schnell vergessen, was man schon alles Tolles erleben durfte. Kein Wunder. Schließlich richtet sich eine Bucketlist in die Zukunft. Hier stehen all jene Dinge, die ihr noch *gemeinsam* erleben wollt. Nicht die, die ihr schon erlebt habt. So kann leicht der Eindruck entstehen, etwas verpasst zu haben, was mit Sicherheit nicht der Fall ist.

Eine Möglichkeit, euch dessen bewusst zu werden, ist die «Reverse-Bucket-List» (das deutsche Äquivalent ist die Gabelliste). Eine Reverse-Bucket-List enthält nämlich all jene Dinge, die ihr bereits erlebt habt. Damit hört die Gabelliste sozusagen genau dort auf, wo die Löffelliste beginnt. Bevor ihr euch den Kopf darüber zerbrecht, was ihr vermeintlich noch nicht erlebt hat, erstellt doch solch eine Liste. Beim Zusammentragen der Reverse-Bucket-List kommen nicht nur viele schöne Erinnerungen wieder hoch, sondern es entsteht auch ein Gefühl der Dankbarkeit für all die wunderbaren Dinge, die ihr schon zusammen erleben durftet. Der Blick zurück auf das Erreichte kann auch eine Motivation für die Zukunft sein.

Überlegt, welche Meilensteine ihr schon gemeinsam erreicht habt. Auf welche Reisen, Erlebnisse oder Momente könnt ihr als Familie zurückblicken? Ihr werdet sehen: Da kommt so einiges zusammen, auch wenn ihr diese Dinge nicht unter dem Deckmantel einer Bucketlist erlebt habt. Hättet ihr diese Dinge nicht mit Sicherheit auf eure Bucketlist geschrieben, wenn ihr sie nicht schon längst erlebt hättet? Ich kann euch versichern: Einige Dinge, die ihr in eurem Leben schon abhaken konntet, stehen bei anderen Menschen auf der Bucketlist.

 **Tipp:** Wenn ihr mögt, könnt ihr eure Reverse-Bucket-List auch weiter fortführen und um all jene Punkte ergänzen, die ihr fortan von eurer Bucketlist streichen konntet.

2. SCHRITT: HOLT EUCH INSPIRATION

Ihr müsst mit eurer Familien-Bucket-List keinen Wettbewerb für die originellste Liste gewinnen. Abschauen und inspirieren lassen ist ausdrücklich erlaubt! Ich empfehle euch, diesen Schritt allerdings ausdrücklich <u>nach</u> eurem Brainstorming zu machen. Dieses Vorgehen ist zu empfehlen, da ihr so in euren Gedanken noch völlig frei seid und euch nicht in eine Richtung lenken lasst. Womöglich kommt ihr auf Ideen, die euch wichtig sind, die ihr so aber nirgendwo findet. Lest ihr euch aber erst die Ideen in diesem Buch durch oder recherchiert nach Bucket-List-Ideen, kann es schnell passieren, dass ihr dadurch eine (falsche) Vorstellung bekommt, was auf einer Bucketlist stehen *muss* und was vielleicht nicht. Es kann passieren, dass ihr euch hierdurch einschränkt, weil euch viele eurer tollen Ideen zu unbedeutend, zu unrealistisch, zu unpassend oder zu persönlich erscheinen.

Wenn ihr bereits einige mögliche Punkte für eure Bucketlist gefunden habt, können euch die folgenden Quellen helfen, weitere Punkte zu finden:

Erlebnisanbieter
Anbieter von Erlebnissen wie Jochen Schweizer, mydays und Fun4You sind nicht erst relevant, wenn es darum geht, eure Träume Wirklichkeit werden zu lassen. Sie sind auch prima geeignet zum Stöbern und zur Inspiration. Ihr werdet staunen, welche außergewöhnlichen Abenteuer und Erlebnisse ihr hier findet.

Pinterest

Beim Thema Bucketlist ist Pinterest ganz vorn mit dabei. Gebt einfach Schlagworte wie *Bucketlist, Bucketlist Familien, Löffelliste* oder *Bucketlist Ideen* in den Suchschlitz ein und lasst euch inspirieren.

Online(-Tools)

Auf Plattformen wie bucketlist.net findet ihr unzählige Ideen anderer Bucketlister. Auf der Plattformen könnt ihr, wenn ihr euch für eine digitale Bucketlist entscheidet, auch direkt eure Bucketlist zusammenstellen. Allerdings ist bucketlist.net nur in englischer Sprache verfügbar.

Verwandte, Freunde und Bekannte

Am besten, ihr erzählt möglichst vielen Leuten von eurem Vorhaben. Mitunter erhaltet ihr so die besten Ideen und zugleich noch Erfahrungsberichte aus erster Hand. Fragt befreundete Familien, Bekannte oder Verwandte, welche tollen Erlebnisse ihnen besonders in Erinnerung geblieben sind, auf welche bevorstehenden Erlebnisse sie sich freuen und welche Ziele und Pläne sie im Leben haben. So bekommt ihr nicht nur Anregungen für eure gemeinsame Bucketlist, sondern erfahrt mehr über euer Gegenüber. Mitunter findet ihr sogar noch ein paar Mitstreiter bei der Umsetzung einzelner Punkte.

Was gibt es in eurer Heimat zu entdecken?

Ja, es ist toll, im Urlaub fremde Länder zu erkunden. Allerdings werdet ihr wohl kaum das ganze Jahr über reisen können. Schaut daher nicht nur, was es in der Ferne zu erleben gibt, sondern werft auch einen Blick auf eure Heimat. Nur so kann eure Bucketlist euren Alltag verändern. Recherchiert (z. B. auf Google Maps, TripAdvisor oder der Website eurer Stadt), was es in eurem Umkreis zu entdecken gibt. Wofür kommen Touristen in eure Region? An welchem Restaurant fahrt ihr immer wieder vorbei und sagt euch: «Da müssen wir auch mal hin»? Wenn ihr euren Radius auf zwei Auto- oder Zugstunden ausdehnt, steht euch noch eine viel größere Bandbreite an Aktivitäten zur Verfügung.

Ideen im Buch

Selbstverständlich erhaltet ihr auch in diesem Buch zahlreiche Vorschläge für eure Familien-Bucket-List. Sortiert nach Kategorien, findet ihr hier 300 abwechslungsreiche Ideen, die sowohl in Bezug auf Dauer, Kosten, Aufwand als auch hinsichtlich des empfohlenen Alters variieren.

Tipp: Eure Bucketlist ist nicht in Stein gemeißelt. Schaut bei den genannten Quellen am besten regelmäßig vorbei. Ihr werdet merken, dass ihr wieder auf neue Ideen für eure Bucketlist stoßen werdet oder aber Ideen, die ihr anfangs gar nicht so toll fandet, nun auf Begeisterung stoßen.

Übung: Teil-Bucket-List

Zugeben, eine Bucketlist zu erstellen, kann ziemlich schwierig sein. Mitunter zweifelt ihr auch daran, ob eine Bucketlist das Richtige für euch ist. Bevor ihr euer Bucket-List-Projekt abbrecht, kann es hilfreich sein, zunächst mit einer kleinen Liste zu starten. Damit gemeint ist eine Liste, die auf einen bestimmten Zeitraum befristet ist (z. B. der nächste Sommer, bis Ende des Jahres usw.). Alternativ könnt ihr eine Bucketlist für eure Stadt, euer Hobby oder gemeinsame Interessen erstellen.

Beispiele für Teil-Bucket-Listen

- Jahreszeiten: Bucketlist für den Frühling, Sommer, Herbst und Winter
- Anlässe oder Feiertage wie Ostern, Weihnachten, Halloween
- Orte und Regionen: Rügen, München, NRW, Deutschland
- Interessen: Disney, Harry Potter, Reiten, Tennis

3. SCHRITT: AUSWAHL DER PUNKTE AUF EURER BUCKETLIST

Kommen wir zur Auswahl der Punkte auf eurer Bucketlist. Euer Brainstorming und die Recherche in Schritt 2 haben hoffentlich eine große Menge an Bucket-List-Ideen hervorgebracht. Nun geht es an den Feinschliff. Aus der Liste eurer Ideen wählt ihr nun die finalen Ideen aus. Keine Sorge, es geht nicht darum, eure Masse an Ideen auf ein bestimmtes Maß zu reduzieren. Vielmehr sollt ihr die Zusammenstellung der Ideen und die einzelnen Ideen selbst noch einmal auf den Prüfstand stellen. Eventuell seid ihr mit eurer bisherigen Auflistung sogar bereits nah an eurer Endversion dran. Im Folgenden findet ihr einige Tipps für die Zusammenstellung eurer Bucketlist.

Anzahl der Punkte

Wie viele Punkte letztlich auf eurer Bucketlist stehen, bleibt selbstverständlich euch überlassen. Ich empfehle allerdings, mit mindestens 25 Punkten unterschiedlicher Schwierigkeitslevel zu starten. Der Grund ist folgender: Stehen zu wenige und dann auch noch schwer zu erreichende Ziele auf eurer Bucketlist, gerät die Liste – wenn ihr nur alle paar Monate oder sogar Jahre einen Punkt von der Liste streichen könnt – in Vergessenheit. Eine ausreichende Anzahl abwechslungsreicher Punkte führt dazu, dass ihr viele kleine und große Erfolgserlebnisse habt und eure Bucketlist es schafft, euren Alltag zu verändern.

Für Abwechslung sorgen

Nach Disneyland fahren, die Polarlichter sehen, die Harry Potter Studios besichtigen, auf Antarktis-Expedition gehen, durch New York flanieren und mit dem Helikopter über den Grand Canyon fliegen – dies sind allesamt hervorragende Punkte für eine Bucketlist. Ohne Zweifel! Wenn eure Bucketlist aber in dem Stil weitergeht, habt ihr zwar eine sehr tolle Liste mit sehenswerten Reisezielen erstellt, aber auch eine sehr einseitige Bucketlist. Zum einen sind die aufgelisteten Ideen allesamt Reiseziele. Zum anderen sind sie sehr kostspielig und zeitaufwendig. Vermutlich werdet ihr euch solch große Ziele maximal einmal im Jahr, eher seltener, erfüllen können.

Damit dies nicht passiert – eure Bucketlist soll euch schließlich dabei unterstützen, jedem Tag die Chance zu geben, zu etwas Besonderem zu werden – versucht mit eurer Liste besser, mehrere Kategorien (z. B. Reisen, Sport, Kreativität, Natur usw.) abzudecken und sowohl große als auch kleinere,

d. h. weniger teure, zeitaufwendige oder schwer zu erreichende Ziele aufzunehmen. Im Regen zu tanzen klingt zwar nicht so spannend wie eine Gletscherwanderung auf Island, aber kann ebenso zu einer tollen Erinnerung werden. Und vergesst nicht: Ein Häkchen ist ein Häkchen.

Eigene vs. gemeinsame Bucketlist

Erinnert ihr euch an die Definition einer Bucketlist? Vielleicht kam es euch auch an dieser Stelle bereits seltsam vor, dass sie einerseits eine höchst persönliche Angelegenheit sein soll, ihr auf der anderen Seite aber gerade eine Bucketlist als Familie erstellt. Ihr könnt euch noch so miteinander verbunden fühlen, es wird immer Ideen und Wünsche geben, mit denen mindestens einer von euch nichts anfangen kann. Für jemanden, der ein Harry-Potter-Fan ist, sind folgende Erlebnisse spannend: das Musical «Harry Potter und das verwunschene Kind» in Hamburg besuchen, Quidditch spielen, ein Autogramm von J. K. Rowling ergattern, an Gleis 9 ¾ versuchen, in die magische Welt abzutauchen usw. Jemanden, der sich so gar nicht für die Welt von Harry, Ron und Hermine begeistern kann, lassen diese Erlebnisse ziemlich kalt. Aber es muss auch nicht immer jeder Punkt auf eurer Bucketlist bei allen von euch gleichermaßen Begeisterungsstürme auslösen. Dies ist schon bei zwei Personen schwierig. Als Familie somit schlicht unmöglich. Könnte ein gemeinsamer Besuch in London, bei dem ihr einen Tag lang die Drehorte von Harry Potter besichtigt, nicht dennoch eine tolle Reise für euch alle sein? Freut ihr euch nicht mit, wenn ihr Papa mit einer Stadionführung in der VELTINS-Arena tagelang ein Lächeln aufs Gesicht zaubert? So sind manche Erlebnisse zwar primär Wünsche eines Einzelnen, aber dennoch ein unvergessliches Erlebnis für euch als Familie. Schließlich geht es bei einer Bucketlist auch darum, neue Erfahrungen zu machen. Lehnt daher nicht sofort kategorisch ab, was eure Liebsten vorschlagen.

Nehmen wir aber mal an, einer von euch träumt von einem Segeltörn auf dem Ijsselmeer, während allen anderen schon bei dem Gedanken an den Wellengang flau im Magen wird. Keine Chance, dass ihr da einen Kompromiss findet. Aber das müsst ihr auch gar nicht. In solchen Fällen ist es lohnenswerter, sich den Punkt auf die eigene Bucketlist zu schreiben und im Freundes- oder Familienkreis Gleichgesinnte zu suchen, die dieselbe Begeisterung aufbringen. Gerade bei den etwas älteren Familienmitgliedern wird es mit Sicherheit eine Reihe von Erlebnissen geben, die wenig kindgerecht sind. Was spricht dagegen, neben der Familien-Bucket-List noch eine persönliche Bucketlist zu erstellen?

Konkrete Ziele benennen

Ein großer Fehler beim Erstellen einer Bucketlist sind vage formulierte Ziele. Ziele wie «die Welt bereisen», «mehr Zeit zusammen verbringen» und «ein Abenteuer erleben» sind Beispiele, wie man es nicht machen sollte. Diese Ziele sind zum Scheitern verurteilt, da sie viel zu unkonkret sind. Was soll etwa «die Welt bereisen» bedeuten? Wollt ihr die nächste Großstadt erkunden oder plant ihr eine groß angelegte Weltreise? Die Wahrscheinlichkeit, dass ihr derart vage Ziele umsetzt, ist gering. Ihr kennt es vielleicht von den Neujahrsvorsätzen. Daher kann ich euch nur raten: Werdet bei euren Zielen so konkret wie möglich. Wohin genau wollt ihr reisen? Wenn ihr noch kein konkretes Ziel vor Augen habt, überlegt euch, welche Art von Reise ihr erleben wollt. Wollt ihr an traumhaften Stränden entspannen, antike Überreste erforschen, Eisberge bestaunen, wandern oder in einen quirligen Großstadttrubel eintauchen?

Auf realisierbare Ziele herunterbrechen

Ihr erinnert euch hoffentlich noch an Regel Nr. 2 aus dem Brainstorming: «Jede Idee wird aufgeschrieben». Wenn ihr euch daran gehalten habt, sind nun vermutlich allerhand Ziele dabei, die zugegebenermaßen schwierig, wenn nicht sogar unmöglich zu erreichen sind. Dies ist aber noch lange kein Grund, diese Träume komplett über Bord zu werfen. Geht stattdessen gemeinsam der Frage auf den Grund, was genau euch oder ein Familienmitglied im Speziellen an dieser Idee so fasziniert. Könnt ihr dieses Gefühl nicht auch auf eine andere Weise erleben? Manche Träume sind vielleicht nicht ganz zu realisieren, aber ihr könnt dennoch die Idee dahinter auf eine andere Art und Weise erleben, statt sie zu streichen. Nehmen wir als Beispiel den Wunsch eures achtjährigen Nesthäkchens: auf dem Mond zu spazieren. Theoretisch ist die Erfüllung dieses Wunsches zwar möglich – wer weiß, wie weit die Raumfahrttouristik in einigen Jahrzehnten ist oder ob Junior die Astronautenlaufbahn einschlägt –, aber für euch als Familie ist ein Mondspaziergang in den nächsten Jahren doch eher unwahrscheinlich. Ermutigt den kleinen Weltraumfan, mehr von seinen Träumen zu erzählen, hört zu und helft dabei, erreichbare Ziele zu formen. In diesem Fall des Mondspaziergangs stehen euch etwa folgende machbare Alternativen offen:

- Das Gefühl der Schwerelosigkeit beim Bodyflying nacherleben
- Ein Flug im virtuellen Raumschiff zur Internationalen Raumstation ISS im Orbitball (Berlin)
- Eine Raumfahrtausstellung oder ein Raumfahrtmuseum [u. a. Technik Museum (Speyer), Deutsches Museum (München), Deutsches Zentrum für Luft- und Raumfahrt (Köln)]
- Ein Themenpark mit Weltraumbezug, z. B. das Euro Space Center in der Wallonie (Belgien)
- Ein Star-Trek-Marathon im heimischen Wohnzimmer
- Eine Weltraum-Mottoparty
- Ein Besuch in einer Sternwarte oder einem Planetarium

Natürlich ist es nicht das Gleiche, wie wenn ihr über den Mond spaziert. Aber ihr seht, dass es eine Vielzahl an Möglichkeiten gibt, durchaus realisierbare Ziele zu formulieren. So oder so ähnlich lässt sich fast jeder schwer realisierbare Traum in etwas Mögliches verwandeln.

4. SCHRITT: BUCKETLIST SCHREIBEN

Ihr habt es gleich geschafft! Nachdem ihr eure Punkte zusammengetragen habt, geht es nun ans Gestalten eurer Bucketlist. Dies ist nicht zwingend notwendig – sie kann auch der (Schmier-)Zettel aus Schritt Nr. 3 sein. Aber wäre es nicht eindrucksvoller, wenn die Liste eurer gemeinsamen Wünsche, Träume und Ziele eine besonders schöne Form bekommt? Ihr habt die Wahl zwischen einer handgeschriebenen Liste und einer Online-Bucket-List.

Schauen wir uns die Vor- und Nachteile beider Varianten einmal an:

Bucketlist auf Papier
Meine Empfehlung liegt ganz klar bei einer Liste auf Papier. Diese ist nicht nur wesentlich persönlicher, sondern kann auch in eurem Alltag deutlich präsenter sein. Ihr könnt die Liste gut sichtbar, z. B. an eurem Kühlschrank, aufhängen und immer wieder zur Hand nehmen. So gerät eine Bucketlist garantiert nicht in Vergessenheit. Zudem messt ihr einer schön geschriebenen und gestalteten Bucketlist automatisch eine höhere Bedeutung zu als einer digitalen Version. Sobald ihr einen Punkt umgesetzt habt, könnt ihr eure Liste zur Hand nehmen und diesen stolz abhaken oder durchstreichen, was doch gleich ein ganz anderes Gefühl ist, als wenn ihr nur online auf

«abhaken» klickt. Zu guter Letzt könnt ihr bei der Gestaltung aus dem Vollen schöpfen. So machen kleine Zeichnungen und ausgedruckte Bilder eure Bucketlist auch für Nichtleser verständlich.

Tipp: Ihr könnt eure Bucketlist auch direkt in diesem Buch führen. Am Ende des Buches findet ihr eine Vorlage, die ihr nutzen könnt. Auf der Webseite **https://denise-bucketlist.de/bucket-list-vorlage** könnt ihr euch weitere Vorlagen herunterladen und ausfüllen.

Online-Bucket-List

Die Vorteile der einen Variante sind die Nachteile der anderen.
Eine Online-Bucket-List wirkt weniger persönlich und ihr habt auch kein Dokument, was ihr in die Hand nehmen und in eurem Zuhause aufhängen könnt. Gerade für jüngere Kinder ist die Bucketlist so im wahrsten Sinne des Wortes nicht greifbar. Dafür tendiert das Risiko, dass eure Bucketlist abhandenkommt, gegen null. Fügt ihr neue Punkte hinzu oder löscht welche, bleibt eure Liste immer noch übersichtlich. Der wohl größte Vorteil ist aber: Auch wenn ihr nicht alle unter einem Dach wohnt, habt ihr jederzeit Zugriff auf eure Bucketlist.

Eine einfache Möglichkeit, eine Onlineversion eurer Liste zu erstellen, ist Google Docs. Ganz simpel ohne viel Schnickschnack habt ihr in dem kostenlosen Tool von Google die Möglichkeit, ähnlich wie in Word, eine Liste zu erstellen. Ihr benötigt lediglich ein Google-Konto. Der Vorteil gegenüber Word: Ihr könnt die Liste gemeinsam bearbeiten und habt sie dank der App auch mobil immer bei euch.

Für welche Variante (oder vielleicht sogar eine Kombination aus beiden) ihr euch letztlich entscheidet, bleibt euren Vorlieben und eurer Familienkonstellation überlassen.

LASST EUCH INSPIRIEREN - 300 IDEEN FÜR EURE BUCKETLIST

In den vorherigen Kapiteln habt ihr bereits Methoden kennengelernt, wie ihr Punkte für eure Familien-Bucket-List findet. Weitere Ideen, die zu Punkten auf eurer Bucketlist werden können, folgen auf den nächsten Seiten.

Hier findet ihr abwechslungsreiche Vorschläge für große, kleine und mittlere Budgets. Eine ungefähre Vorstellung vom preislichen Rahmen gibt euch die Anzahl der €-Zeichen hinter den Vorschlägen. Kalkuliert wurde für eine vierköpfige Familie mit zwei Erwachsenen und zwei Kindern. Bitte habt im Hinterkopf, dass die Einteilungen lediglich Anhaltspunkte sind. So können etwa Eintrittspreise je nach Anbieter stark variieren. Manche Vorschläge sind zwar kostenlos, aber eventuell habt ihr eine weite Anreise oder benötigt Equipment.

€ = bis 25 €
€€ = ca. 25-100 €
€€€ = über 100 €

Einige der Vorschläge könnt ihr heute noch umsetzen, wiederum andere sind langfristige Projekte. Neben Ideen aus dem kreativen, sportlichen und kulturellen Bereich findet ihr auch zahlreiche Inspirationen für ehrenamtliches Engagement, Albernheiten oder Reisen. Die Ideen variieren bewusst in ihrer Intensität. So werdet ihr einige der Aktivitäten vermutlich nur einmalig erleben, während andere sogar zu Hobbys werden können.

Da es unmöglich ist, eine Liste zu erstellen, die allen Familien gerecht wird, betrachtet die Ideen bitte nur als Anregung, nicht als To-do-Liste. Es kann also gut sein, dass einige oder sehr viele Ideen absolut nichts für euch sind. Blättert das Buch gemeinsam durch und lest weiter, wenn eine Idee euer Interesse weckt. Sie sollen euch auch zeigen, wie vielfältig die Punkte auf einer Bucketlist sein können. Bestenfalls dienen euch die Vorschläge auch als Inspiration für eigene Ideen oder aber ihr wandelt sie individuell für eure Familie ab.

(MIKRO-)ABENTEUER

Für abenteuerliche Erlebnisse muss man nicht immer weit reisen – denn auch direkt vor der Haustür warten spannende Entdeckungen. Die Rede ist von Mikroabenteuern: Mikroabenteuer sind Outdooraktivitäten, die lokal, von kurzer Dauer, kostengünstig und leicht durchführbar sind. Mikroabenteuer sind deshalb aber keineswegs als Abenteuer zweiter Klasse zu betrachten. Die Idee dahinter ist vielmehr, Abenteuer in den Alltag zu integrieren – ohne lange Vorbereitung und mit geringem Budget.

1. Eine Nachtwanderung unternehmen €

Nachtwanderungen sind für Kinder ein richtiges Abenteuer, allein schon, weil es aufregend ist, lange wach zu bleiben. Bekannte Umgebungen sehen nachts nicht nur ungewohnt und geheimnisvoller aus, auch die Geräuschkulisse ist eine andere. Verkehrsgeräusche schwinden und die natürlichen Umgebungsgeräusche treten in den Vordergrund. Da ihr euch nicht mehr auf euer Augenlicht verlassen könnt, werdet ihr die nächtlichen Geräusche, aber auch die Gerüche viel intensiver wahrnehmen. Plötzlich hört ihr das Zirpen der Insekten, riecht die feuchte Erde oder spürt einen kalten Windhauch auf eurem Arm. Mit ein bisschen Glück könnt ihr sogar nachtaktive Tiere wie Fledermäuse, Igel oder Marder beobachten. Die perfekte Kulisse für euer nächtliches Abenteuer sind Feldwege, abgelegene Straßen oder der Stadtpark. Taschenlampe nicht vergessen!

Hier noch einige Ideen, mit denen ihr eure nächtliche Wanderung aufpeppen könnt:

- Haltet Ausschau nach Sternenbildern. Welche erkennt ihr?
- Erzählt einander Gruselgeschichten.
- Ein Lagerfeuer mit Stockbrot ist der krönende Abschluss.
- Macht einen kleinen Wettbewerb: zum Beispiel, wer die meisten Tiere entdeckt.
- Haltet eine Flasche mit Tee oder Kakao bereit.

2. Einen Bach überqueren €

Barfuß durch einen Bach zu waten, auf einem Baumstamm zu balancieren oder ihn auf Trittsteinen zu durchqueren, ist viel spannender, als die Brücke zu nehmen. Stellt euch gemeinsam der Herausforderung!

3. Ein Floß bauen (oder mieten) €

Einmal auf den Spuren von Käpt'n Blaubär oder Huckleberry Finn wandeln und sich mit einem Floß treiben lassen, wer träumt nicht davon? Ein eigenes Floß zu bauen, ist ein spannendes DIY-Projekt und tolles Erfolgserlebnis für Groß und Klein. Lasst eurer Fantasie beim Floßbau freien Lauf oder durchforstet YouTube nach Inspirationen.

Übrigens, auf einem See herumschippern könnt ihr auch ohne eigenes Floß: Ein Floß zu mieten, ist vielerorts möglich. An den großen Seen in Brandenburg und Mecklenburg-Vorpommern bspw. könnt ihr sogar perfekt ausgestattete Flöße mit Übernachtungsmöglichkeit für mehrtägige Touren buchen.

4. Mit Karte und Kompass orientieren €

Was haben wir damals nur ohne unser Smartphone gemacht? Wer immer nur mit Google Maps oder GPS-Gerät unterwegs ist, der verlernt die Kunst, sich zu orientieren. Ein triftiger Grund, mal wieder oldschool mit Karte und Kompass loszuziehen. Falls ihr als Eltern ebenfalls unsicher seid, fragt doch mal Oma und Opa, ob sie euch in die Kunst des Kartenlesens einweihen möchten. Die Kids haben mit Sicherheit ihren Spaß daran und sind stolz, dass sie gelernt haben, sich zu orientieren. Eine Fähigkeit, die lebenswichtig sein kann. Schließlich könnt ihr euch nicht immer auf eure elektronischen Helfer verlassen.

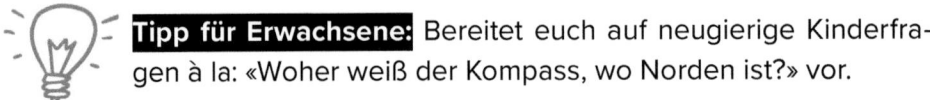
Tipp für Erwachsene: Bereitet euch auf neugierige Kinderfragen à la: «Woher weiß der Kompass, wo Norden ist?» vor.

5. Zelten €*

Abgeschiedene Idylle, keine Ablenkung und ganz viel Zeit für gemeinsame Aktivitäten. Klingt gut? Dann schlagt euer Zelt auf und genießt zusammen den nächtlichen Sternenhimmel, die Geräusche der Natur und einen Hauch von Abenteuer. Bevor ihr jetzt das Zelt aus dem Keller kramt und euch in die Nationalparks hierzulande aufmacht, beachtet: Wie in den meisten anderen europäischen Ländern auch ist Wildcampen in Deutschland verboten. Entweder ihr sucht euch daher einen ausgewiesenen Zeltplatz oder ihr

weicht nach Schottland, Norwegen, Schweden oder Finnland aus. Hier ist Wildcampen erlaubt. Es versteht sich von selbst, dass ihr euren Zeltplatz nach eurem Abenteuer sauber wieder verlasst, egal wo ihr euch aufgehalten habt.

*vorausgesetzt, ihr besitzt bereits ein eigenes Zelt

6. Einen Lost Place erforschen €

«Lost Places» (auf Deutsch: verlassene Orte) sind Orte wie leerstehende Gebäude und zerfallene Schlösser, die von Menschen verlassen wurden und langsam von der Natur zurückerobert werden. Viele «Lost Places» wie die Beelitz-Heilstätten bei Berlin, Schloss Dwasieden auf Rügen oder der Spreepark in Berlin sind öffentlich bekannt, während andere «Lost Places» noch wahre Geheimtipps sind. Geht gemeinsam auf Entdeckungstour und recherchiert, was es mit dem verfallenen Gebäude auf sich hat. Wer hat hier einmal gelebt? Warum wurde das Gebäude aufgegeben? Gibt es vielleicht eine düstere Vergangenheit? Spukt es hier vielleicht?

7. Ein Biwak bauen €

Weder Campen noch Zelten – ein Biwak ist eine aus Naturmaterialien selbst gebaute Unterkunft im Freien. Ursprünglich dient ein Biwak dazu, sich in Notsituationen, wie bei Schlechtwettereinbrüchen, zu schützen. Aber auch ohne solch einen ernsten Hintergrund ist ein Unterschlupf im Freien eine tolle Möglichkeit, einen Spaziergang im Wald zu etwas Aufregendem zu machen. Alles, was ihr für euer Biwak benötigt (z. B. herumliegende Äste, Moos, Rinde), findet ihr in der Natur. Anschließend liegt es an euch, hieraus eine gemütliche Höhle zu zaubern.

ADRENALIN

Lust auf Nervenkitzel und das unbeschreibliche Gefühl, euch gemeinsam getraut zu haben? Dann dürfen Erlebnisse, die den Adrenalinpegel nach oben schrauben, nicht fehlen.

8. Mit der weltweit schnellsten Achterbahn fahren €€€

So viel Adrenalin wie bei einer Achterbahnfahrt wird selten in kürzester Zeit ausgeschüttet. Mittlerweile gibt es nichts, was es nichts gibt: gigantische Loopings, endlose Schrauben und extreme Beschleunigungen. Die schnellste Achterbahn, die Ferrari World in Abu Dhabi, beschleunigt gar von 0 auf 240 km/h in gerade einmal 4,5 Sekunden. Ganz so weit braucht ihr aber nicht zu reisen, um exorbitanten Nervenkitzel zu erleben.

Hier ist eine Auflistung der schnellsten Achterbahnen in Deutschland:

1. Silver Star (Europa Park): 130 km/h, ab 140 cm
2. Der Schwur des Kärnan (Hansa Park): 127 km/h, ab 130 cm
3. Expedition GeForce (Holiday Park): 120 km/h, ab 140 cm
4. Taron (Phantasialand): 117 km/h, ab 140 cm
5. Sky Wheel (Skyline Park): 105 km/h, ab 150 cm

Wenn euch solche Geschwindigkeiten jenseits von Gut und Böse eine Portion zu viel Nervenkitzel sind, taugt selbstverständlich auch jede andere Achterbahn zur Mutprobe.

9. Eine Wasserrutsche mit Looping herunterrutschen €€

Langsam wird es ernst. Ihr steht auf den Stufen zu eurem persönlichen Endgegner: der Loopingrutsche. Euer Blick gleitet immer wieder zum furchteinflößenden Looping und ihr hört aus den Lautsprechern einen dramatischen Countdown, bevor ein weiterer Waghalsiger durch die Falltür mit bis zu 60 km/h in die Tiefe stürzt. Ihr fragt euch im Stillen, was wohl passiert, wenn ihr den Kampf gegen die Schwerkraft verliert. Wie wird es sein, für kurze Zeit kopfüber zu rutschen? Loopingrutschen sind definitiv nichts für schwache Nerven!
Traut ihr euch? Die Gelegenheit für ein spektakuläres Rutscherlebnis habt ihr in folgenden deutschen Schwimmbädern:

- AquaMagis in Plettenberg
- Aqualand in Köln
- Kristall Palm Beach in Stein (Doppelloopingrutsche)
- Miramar in Weinheim (Doppelloopingrutsche)
- Familien- und Freizeitbad in Fellbach
- Calypso in Saarbrücken

PS: Darüber, eventuell stecken zu bleiben, braucht ihr euch keine Sorgen zu machen. Für den Fall der Fälle gibt es vor dem Looping einen Notausstieg.

10. Auf ein Nagelbrett legen €

Autsch ... Manch einer verzerrt beim Lesen dieses Vorschlags vermutlich schon das Gesicht. Doch ihr könnt euch sicher sein: Hinterher wird nicht ein Tröpfchen Blut auf eurem Rücken zu sehen sein. Wie das geht? Der Trick dahinter ist folgender: Je größer die Fläche, desto geringer der Druck. Euer Gewicht wird auf so viele Nägel verteilt, dass ihr allenfalls ein leichtes Prickeln spürt. Wenn ihr euer Fakirbett nicht selbst bauen wollt, erhaltet ihr häufig bei Mitmach-Zirkussen die Chance auf diese pieksige Mutprobe.

11. Zorbing €€€

Wenn euch die Loopings auf der Achterbahn nichts anhaben können, seid ihr beim «Zorbing» genau richtig. Bei diesem spaßigen Freizeitvergnügen rollt ihr in einer aufblasbaren transparenten Kugel einen Abhang hinunter. Oder gerne auch mal auf Wasser, Sand oder Schnee.

12. Mit einem Heißluftballon fahren €€€

Betrachtet die Welt aus einer neuen Perspektive. Mit einem Heißluftballon durch die Lüfte zu gleiten, zeigt euch, wie klein die Welt doch eigentlich ist. Traut ihr euch? Belohnt werdet ihr mit einer unvergesslichen Aussicht. Ab welchem Alter man Ballon fahren darf, variiert je nach Anbieter. Oft gilt für kleine Passagiere ein Mindestalter von acht Jahren (nach oben gibt es keine Grenze). Außerdem sollten sie über 1,20 Meter groß sein, um über den Korbrand schauen zu können.

Übrigens: Nach der Ballonfahrt ist das Erlebnis noch nicht vorbei. Nach der geglückten Landung werdet ihr mit einer Ballonfahrertaufe geadelt und dürft euch künftig zum Kreis der Ballonfahrer zählen.

13. Ziplining €€€

Mit Vollgas durch den Wald, eine Schlucht oder das tosende Meer: Beim Ziplining verbindet ihr Nervenkitzel mit spektakulären Aussichten. Nebenbei kommt ihr dem Traum vom Fliegen gefährlich nahe. Bei diesem rasanten Höhenritt rast ihr, an einem Sicherheitsgurt befestigt, eine Seilrutsche hinab. Ziplines gibt es in vielen Touristenregionen der Welt. Die weltweit längste Zipline mit 2,8 Kilometer Länge steht in Ras Al Khaimah (Vereinigte Arabische Emirate). Mittlerweile könnt ihr aber auch quer durch die Bundesrepublik fliegen. Ziplines gibt es hierzulande beispielsweise in der Eifel, im Schwarzwald oder im Harz. Das Mindestalter ist je nach Betreiber unterschiedlich. Häufig wird ein Mindestalter von acht Jahren, eine Größe von 1,20 Meter und/oder ein Gewicht von 30 kg vorausgesetzt.

14. Kart fahren €€€

Früh übt sich, wer ein richtiger Rennfahrer oder eine richtige Rennfahrerin werden möchte! Einstige Formel-1-Größen wie Ralf und Michael Schuhmacher haben den Grundstein für ihre Karrieren auf der Kartbahn gelegt. Aber auch ohne Rennfahrerambitionen können Kinder erste Fahrerfahrungen sammeln und sich mit den Eltern ein spannendes Rennen liefern. Hinter das Steuer eines Kart dürfen Kinder ab acht Jahren. Ist der Nachwuchs zu klein oder traut sich noch nicht? Dann gibt es die Möglichkeit, als Beifahrer oder Beifahrerin mitzufahren und so erste Rennluft zu schnuppern.

 **Tipp:** Viele Kartbahnen bieten für Nachwuchspiloten und -pilotinnen sogenannte Kartschulen an. Hier lernen die Kids alles zu Flaggensignalen, korrektem Überholen und dem idealen Beschleunigungspunkt.

15. Auf einem mechanischen Bullen reiten €€

Bullenreiten gehört zu den extremen und auch gefährlichen Sportarten. Zumindest, wenn dabei ein echter Bulle im Spiel ist. Deutlich weniger gefährlich ist es, auf einem mechanischen Bullen zu reiten. Bleibt nur die Frage: Wer von euch hält länger aus?

16. Lasertag spielen €€

Ab in die Arena! Beim Lasertag werdet ihr zunächst mit Westen und Sensoren ausgestattet und versucht dann, das gegnerische Team mit dem Laser zu «taggen», also zu treffen. Dies führt zu Minuspunkten, weshalb ihr versucht euch hinter Hindernissen zu verstecken und von dort euren Gegnern

aufzulauern. Entweder ihr liefert euch ein spannendes Familienduell oder ihr tretet als geschlossene Front gegen ein anderes Team an. Für welche Option ihr euch auch entscheidet: Lasertag ist ein ganz schön actionreiches, aber auch schweißtreibendes Event.

Da beim Lasertag, anders als beim Paintball, keine Geschosse durch die Gegend fliegen, gibt es keine einheitliche Regelung zur Altersbeschränkung. Die Spanne reicht von 6 bis 16 Jahren oder aber es wird eine Mindestgröße gefordert. Einige Anbieter bieten spezielle Kindermodi, bei denen die Ausrüstung und das Szenario angepasst sind. Im Gegensatz zu Spielmodi für Jugendliche und Erwachsene geht es dann weniger um Wettkampf, sondern mehr darum, gemeinsam Spaß zu haben und Punkte zu sammeln. Um sicherzugehen, erkundigt euch vorab bei der jeweiligen Arena, ob der Spielmodus zu euch als Familie passt.

17. Einem Escape-Room entkommen €€

Knifflige Rätsel zu lösen, ist genau euer Ding? Dann ab in einen Escape-Room! Ein Escape-Room ist ein thematisch eingerichteter Raum, in dem ihr «eingesperrt» werdet. Ab diesem Moment tickt die Uhr. Um den Raum als Gewinner zu verlassen, müsst ihr innerhalb von 60 Minuten versteckte Hinweise finden, clever kombinieren und knifflige Rätsel lösen. Gelingt euch dies nicht, gilt die Mission als gescheitert und ihr habt das Spiel verloren. Damit es spannend bleibt, gibt es für jeden Escape-Room eine interessante Geschichte. Ein mögliches Szenario ist beispielsweise, dass ihr euch in einem Labor befindet und die Welt vor einem fiktiven Virus retten müsst. Oder ihr findet euch in einer Gefängniszelle wieder und habt bis zum nächsten Wachwechsel Zeit, um auszubrechen. Wählt zu Beginn am besten einen Escape-Room mit geringerem Anforderungsniveau. Für Familien gibt es vielerorts auch Familien-Escape-Rooms, bei denen die Rätsel so konzipiert sind, dass sowohl Erwachsene als auch jüngere Kinder herausgefordert werden.

18. Bodyflying €€€

Engelein, Engelein, flieg! Wer kennt es nicht? Nur, dass ihr diesmal ganz von allein abhebt: Beim Bodyflying erlebt ihr in einem Windkanal den freien Fall. Ähnlich wie bei einem Fallschirmsprung, nur ohne Hunderte von Metern unter euch. Der nach oben gerichtete Luftstrom lässt euch sicher in der Luft schweben – ein großartiges Gefühl. Den Traum vom Fliegen können sich bereits kleine Abenteurer und Abenteurerinnen ab vier Jahren erfüllen.

19. Mit einem Hubschrauber fliegen €€€

In der Luft schweben und die Welt von oben betrachten – habt ihr beim Anblick eines Hubschraubers auch schon mal sehnsüchtig in den Himmel gestarrt? Dann ab damit auf eure Bucketlist! Schon das Abheben eines Hubschraubers ist etwas ganz Besonderes, denn anders als Flugzeuge starten Hubschrauber senkrecht ohne Anlauf. Hoch oben winken grandiose Aussichten. Vielleicht habt ihr ja sogar die Gelegenheit, euren geliebten Wohnort aus der Vogelperspektive zu bestaunen.

20. In einem Luftschiff fliegen €€€

Auch wenn die Ära der Luftschiffe schon sehr lange vorbei ist, sind sie für jeden Menschen, der das Glück hat, einen der Riesen vom Boden aus zu erspähen, eine imposante Erscheinung. Vielleicht habt ihr auch schon einmal mit dem Gedanken gespielt, wie es wohl wäre, die Welt wie der Luftfahrtpionier Graf Zeppelin aus der Gondel heraus zu betrachten, während das Schiff sanft durch die Lüfte gleitet? Diese Vorstellung muss kein Tagtraum bleiben! Touristische Fahrten mit Luftschiffen werden an vielen Orten angeboten (wahlweise mit offener oder geschlossener Gondel). Wie wäre es zum Beispiel mit einer Fahrt über Dresden oder den Bodensee?

21. Einen Fallschirmsprung wagen €€€

Ein Fallschirmsprung für Kinder? Ist das nicht etwas übertrieben? Keineswegs! Ein Fallschirmsprung ist keine Frage des Alters, sondern eher der Körpergröße. Meist können sich Kinder ab zehn Jahren als Tandem zusammen mit einem Master in die Tiefe stürzen. Selbstverständlich sollten wagemutige Eltern ihren Nachwuchs nicht drängen, es ihnen gleichzutun. Kinder und Jugendliche sollten sich den Sprung aus luftiger Höhe schon selbst wünschen. Oft ist es aber so, dass Kinder weniger Angst haben als Erwachsene. Stellt sich nur noch die Frage: Wer traut sich zuerst?

22. Beim Neujahrsschwimmen in die eisigen Fluten stürzen €

Neujahrsschwimmen klingt ja zunächst einmal ganz nett, in etwa so wie Neujahrskonzert oder Neujahrsempfang. Doch dieser frostige Brauch besteht darin, sich am Neujahrstag in die eiskalten Fluten der Nordsee (die Wassertemperatur beträgt ca. 6 °C), eines Flusses oder Sees zu stürzen.

23. Eine Sommerrodelbahn heruntersausen €€

Rodeln ist kein Privileg der kalten Jahreszeit. Sommerrodelbahnen sorgen für Rodelspaß ganz ohne kalte Hände und nasse Füße. Dabei macht Sommerrodeln mindestens so viel Spaß wie Schlittenfahren im Winter. Auf Sommerrodelbahnen dürfen Kinder meistens ab einem Alter von acht Jahren allein fahren. Bei Kindern zwischen drei und acht Jahren muss hingegen ein Erwachsener dabei sein.

24. Mit einer Feuerwehrleiter nach oben fahren €

«Wasser marsch!» Vielerorts lädt die Feuerwehr zum Tag der offenen Tür ein. An diesem Tag dürft ihr einen Blick hinter die Kulissen werfen und erfahrt Spannendes aus dem Arbeitsalltag der Feuerwehr. Hierzu gehören selbstverständlich auch ein Blick in die Löschfahrzeuge, Rundfahrten und Löschübungen. Ein ganz besonderes Highlight ist aber eine Fahrt mit der Drehleiter in luftige Höhen. Falls ihr Lust habt, selbst mitzumachen, könnt ihr euch auch gleich über ein ehrenamtliches Engagement bei der (Jugend-)Feuerwehr informieren. Je nach Bundesland können bereits Kinder ab acht Jahren bei der Jugendfeuerwehr mitmachen und für den Ernstfall proben.

DRAUßEN

Dass Zeit in der Natur sich positiv auf die Gesundheit auswirkt, ist kein Geheimnis. Die Natur weckt zudem den Entdeckergeist und inspiriert zu neuen Spielen und Abenteuern. Vielleicht gehört ihr ja bereits zu den waschechten Outdoorfans. Falls nicht, können die passenden Ideen auf eurer Bucketlist euch durchaus dazu verführen, mal wieder mehr Zeit draußen zu verbringen.

25. Erdbeeren auf einem Feld pflücken €

Viele Kinder – und so manche Erwachsene – kennen Erdbeeren nur noch aus dem Supermarkt. Dort gibt es die roten Köstlichkeiten mittlerweile auch im tiefsten Winter. Doch Erdbeeren außerhalb der Saison haben ihren Preis. Neben ökologischen Aspekten bleibt der Geschmack auf der Strecke. Wer saftige Erdbeeren möchte, pflückt diese am besten direkt vom Feld.

Erdbeeren selbst zu pflücken, ist ein tolles Erlebnis für die ganze Familie: Die Kinder sind an der frischen Luft und können nach Lust und Laune naschen. Obendrein lernen sie, wie Erdbeeren angebaut werden, welche Arbeit das Pflücken bedeutet und worauf es bei der Ernte ankommt. Falls ihr im Vorbeifahren noch kein Erdbeerfeld erspäht habt, werft mal einen Blick in eure Lokalzeitung oder auf die Webseiten von Höfen in eurer Nähe.

Einige Tipps für die Erdbeerernte:

- Die Erdbeersaison in Deutschland läuft ca. von Mai bis Juli.
  Am besten den Beginn fett im Kalender markieren, damit ihr den Zeitraum nicht verpasst.
- Pro Familienmitglied möglichst ein Erntegefäß mitnehmen.
  So vermeidet ihr Streitigkeiten und jeder kann sich auf dem Feld frei bewegen.
- Frühaufsteher und Frühaufsteherinnen werden belohnt:
  Die Erdbeeren sind von der Nacht noch schön frisch und die Felder nicht so abgrast wie am Nachmittag.
- Achtet auf die richtige Kleidung. Ein weißes T-Shirt oder offene Schuhe sind eher ungünstig. An sonnigen Tagen sind Sonnencreme und Sonnenhut ein Muss!

- Zeigt euren Kindern, worauf es bei der Ernte ankommt. Die Früchte sollten gleichmäßig rot und nicht zu matschig sein. Die Erdbeeren bleiben länger frisch, wenn ihr sie mit Stiel und Blättern pflückt.
- Die Devise lautet nicht: «je mehr, desto besser». Pflückt nur so viel, wie ihr in den nächsten zwei bis drei Tagen auch essen oder verarbeiten könnt.

Der Spaß ist übrigens nach dem Erdbeerfeld noch lange nicht vorbei. Zu Hause gilt es nämlich, die Ernte zu verarbeiten. Wie wäre es mit einem leckeren Erdbeerkuchen oder selbst gemachter Marmelade?

26. Ein Lagerfeuer machen und Essen kochen €

Die ersten Sterne stehen am Sommerhimmel, vor euch prasselt gemütlich das Lagerfeuer. Ein Lagerfeuer zu machen, ist ein schönes Familienerlebnis. Gemeinsam errichtet ihr das Feuer, kocht leckeres Essen und spielt lustige Lagerfeuerspiele. Wenn ihr noch eine Gitarre dabeihabt, ist die Lagerfeuerromantik perfekt.

Beliebte Lagerfeuergerichte:
- Marshmallows
- Hotdogs
- Folienkartoffeln
- Stockbrot
- Maiskolben
- Gemüsespieße
- Schokobananen

Beliebte Lagerfeuerspiele:
- Stille Post
- Ich packe meinen Koffer
- Werwölfe (eher für größere Kinder)
- Wir gehen heute auf Bärenjagd
- Wer bin ich

27. Kartoffeln ernten €

Wie kommt die Kartoffel eigentlich in den Supermarkt? Noch vor einigen Jahrzehnten war die Kartoffelernte eine schweißtreibende Angelegenheit. Heute haben in der modernen Landwirtschaft längst Maschinen Einzug gehalten. Auf vielen Bauernhöfen dürft ihr aber – mit Spaten und Kartoffelhaken bewaffnet – aufs Feld und eure Knollen selbst ausgraben. Jede Wette, dass Bratkartoffeln, Kartoffelbrei und Co. aus selbst geernteten Kartoffeln um einiges besser schmecken.

28. Ein vierblättriges Kleeblatt finden €

Der Glaube, ein vierblättriges Kleeblatt würde seinem Finder oder seiner Finderin Glück bringen, ist wohl auf der ganzen Welt verbreitet. Wer ein solch seltenes Blatt findet, kann einer irischen Sage zufolge damit die im Verborgenen lebenden Feen anlocken. Allerdings kommen sie selten vor, auch wenn die Angaben zur Häufigkeit von vierblättrigen Kleeblättern schwanken. Mal ist von einer Quote von 1:10.000 die Rede, mal von 1:5.000.

Aber lasst euch nicht entmutigen. Folgende Tipps erhöhen die Chance, dass ihr zu den glücklichen Findern zählt:

- Wenn ihr ein vierblättriges Kleeblatt gefunden habt, ist die Wahrscheinlichkeit, dass ein anderes Familienmitglied in der Nähe ein weiteres findet, höher.
- Eine Kleesorte, welche besonders häufig vierblättrige Blätter hervorbringt, ist der Weißklee. Dieser wächst bevorzugt auf feuchten und nährstoffreichen Böden.
- Haltet nach schattigen Stellen Ausschau. Auch hier wächst Klee gerne.
- Macht euch nicht die Mühe, jedes einzelne Kleeblatt genau zu überprüfen. Haltet eher weiträumig Ausschau, bis euch mögliche Unterschiede im Gesamtbild auffallen.
- Ihr werdet sicher nicht beim ersten Mal fündig. Zudem macht das stundenlange Absuchen von Grünflächen nun wirklich keinen Spaß. Besser ist es, bei euren Streifzügen in die Natur immer mal wieder auf die Suche zu gehen.

Wer das Glück hat, ein vierblättriges Kleeblatt zu finden, möchte seinen Fund natürlich bewahren. Ihr könnt das Kleeblatt entweder pressen oder die etwas stabilere Variante wählen: Ihr laminiert das Kleeblatt.

29. Einem Maislabyrinth entkommen €

Nach der Maisernte bleiben die bis zu 2,5 Meter hohen Maispflanzen noch bis etwa September auf den Feldern stehen. Viele Landwirte nutzen diese Gelegenheit, um Irrwege anzulegen – ein Heidenspaß für Groß und Klein. Wie schnell findet ihr wieder heraus?

30. Durch einen Wasserspringer laufen €

Gönnt euch den Spaß und vor allem das kühle Nass! Nicht nur der Rasen hat an heißen Sommertagen eine Erfrischung verdient.

31. Ein Mandala aus Naturmaterialien legen €

Mandalas legen fördert die Kreativität und die Konzentration und macht ganz nebenbei viel Spaß. Ihr könnt sie mit bunten Legeplättchen legen, viel toller sind aber Mandalas aus Naturmaterialien. Denn schon der Ausflug in die Natur und das bewusste Sammeln sind ein Erlebnis. Bestandteil eurer Mandalas können etwa Wiesenblumen, Äste, Blätter, Kräuter, Tannenzapfen, Gras, Bucheckern, Moos, Steine, Kastanien oder Sand sein – je nachdem, was Jahreszeit und Umgebung hergeben.

32. In einer Hängematte chillen €

Es gibt keine bessere Art, sich zu entspannen und die Seele baumeln zu lassen, als in einer Hängematte, und das schon seit Hunderten von Jahren: Christopher Kolumbus lernte diese äußerst platzsparende Art zu schlafen auf seinen Amerikareisen kennen. Sucht euch ein abgelegenes Plätzchen, lauscht dem leisen Rauschen der Blätter und genießt, wie ihr aneinander gekuschelt langsam wegdämmert.

33. Wasserspiele €

Auf zur (Wasser-)Schlacht: Schnappt euch Wasserpistolen, Sprühflaschen und Wasserbomben und los geht's! Eine Wasserschlacht ist im Hochsommer nicht nur eine willkommene Erfrischung, sondern auch ein großer Spaß.

Mit lustigen Wasserspielen sorgt ihr an heißen Tagen für noch mehr Abwechslung. Hier einige Ideen:
- Eine Wasserrutsche bauen: Einfach eine große Plastikplane auf den Rasen legen und mit ordentlich Wasser begießen.
- Eierlauf: Das Prinzip ist das gleiche wie beim normalen Eierlaufen: Jeder Mitspieler und jede Mitspielerin muss seine Wasserbombe auf einem Löffel vom Start zum Ziel transportieren. Wer sie fallen lässt,

muss zurück zum Start und von vorn anfangen. Wer als Erste oder Erster seine Wasserbombe ohne Herunterfallen zum Ziel befördert, gewinnt.
- Wasserbomben-Boccia: Legt einen Zielpunkt fest, etwa eine kleine Schüssel oder einen Stein. Nun werft der Reihe nach. Wer mit seiner Wasserbombe am nächsten ans Ziel kommt, hat gewonnen.
- Wasserpistolen-Wettschießen: Baut mit leichten Gegenständen (z. B. leere Plastikflaschen oder Tetrapaks, Playmobilfiguren usw.) einen kleinen Schießstand. Wer mit den wenigsten Schüssen alle Gegenstände herunterschießt, ist der Schützenkönig bzw. die Schützenkönigin.

34 Steine flitschen €

Steine über die Wasseroberfläche hopsen zu lassen, war Überlieferungen zufolge schon in der Antike ein beliebtes Spiel, bei dem Kinder und Erwachsene gleichermaßen Spaß haben. Die Kunst dabei ist es, einen möglichst flachen Stein schnell genug zu werfen, sodass beim Aufprall eine Mini-Sprungschanze entsteht, die der Stein zum nächsten Sprung nutzt.

Drei Tipps, für den perfekten Wurf:
1. Der Stein sollte ganz flach sein.
2. Der Stein sollte so flach wie möglich auf die Oberfläche treffen.
3. Der Stein muss möglichst schnell fliegen und dabei rotieren.

Sobald ihr den Dreh raushabt, sollten drei bis vier Hüpfer drin sein (der Rekord liegt übrigens bei sagenhaften 88 Hüpfern). Wer wohl den innerfamiliären Rekord aufstellt?

35. Einen Barfußpfad ablaufen €

Barfußpfade machen Spaß und fördern obendrein die Gesundheit. Wenn das mal keine gute Kombination ist! Barfußpfade sind Gehstrecken, die barfuß bewältigt werden. Auf der Strecke gibt es verschiedene Stationen mit unterschiedlichen Naturmaterialien. Dies können Sand, unterschiedlich große Steine, Gras, Stroh, Rindenmulch, Lehm oder Tannenzapfen sein. Die verschiedenen Bodenbeläge sollen die Sinneswahrnehmung schulen und die Fußmuskulatur stärken.
Barfußpfade von mehreren Hundert Metern Länge gibt es an mehr als 60 Orten in Deutschland. Die meisten Barfußpfade sind von Mai bis Mitte Oktober geöffnet. Aber auch in einigen Parks gibt es kürzere Pfade.

 **Tipp:** Wenn ihr keinen Barfußpfad in eurer Nähe habt, könnt ihr mit einfachen Mitteln auch einen eigenen Pfad anlegen. Die Natur ist die beste Fundgrube. Die einzelnen Stationen grenzt ihr mit Stöcken oder Seilen voneinander ab.

36. In einer heißen Quelle baden €-€€€

Es brodelt und dampft: Natürliche heiße Quellen tauchen dort auf, wo Wasser durch vulkanische Aktivität unterirdisch erhitzt wird. Geologen sprechen auch von Thermalquellen. Die Wassertemperaturen reichen zwischen 20 °C und stolzen 107 °C. Einige der heißen Quellen haben passenderweise Badetemperatur. Mit einem Bad in einer natürlichen heißen Quelle könnt ihr euch nicht nur an kalten Wintertagen aufwärmen, sondern auch noch eurer Gesundheit etwas Gutes tun. Dem Wasser aus heißen Quellen wird eine heilende Wirkung zugesprochen, da es auf seinem Weg nach oben Mineralien und Spurenelemente, z. B. Magnesium, Kupfer oder Zink, aus tieferliegenden Erdschichten mit nach oben bringt. Bekannt für seine heißen Quellen ist insbesondere der Yellowstone-Nationalpark in den USA. Hier befinden sich 62 Prozent der heißen Quellen weltweit. Ebenso berühmt sind die «Blaue Lagune» auf Island, der Thermalort Saturnia in Italien oder die Hauptstadt der Thermalbäder: Budapest. Letztere wird auch als die Hauptstadt der Thermalquellen bezeichnet. Heiße Quellen gibt es aber auch in Deutschland. Zum Beispiel in Baden-Baden, Aachen oder Erding. Einziges Manko: Die deutschen Quellen sind nicht frei zugänglich. Das warme Quellwasser könnt ihr euch aber in diversen Brunnen über die Hand laufen lassen oder ein Schwimmbad mit Quellwasser (Thermalbad) besuchen.

37. Einen Weihnachtsbaum selbst schlagen €€

Ein reich geschmückter Baum darf am Weihnachtsabend selbstverständlich in keinem Wohnzimmer fehlen. Besorgt euch euren Baum dieses Jahr doch mal anders: Statt auf den Baumarkt eures Vertrauens zu setzen, schlagt ihr euren Baum diesmal selbst. So wird der Kauf des Weihnachtsbaums bereits zum Familienerlebnis und sorgt für Vorfreude auf das kommende Fest. Einfach in den nächstgelegenen Wald marschieren und zur Axt zu greifen, ist allerdings ein No-Go. Hierdurch macht ihr euch strafbar. Rechtlich auf der sicheren Seite seid ihr bei Weihnachtsbaumplantagen. Dort könnt ihr euren ganz persönlichen Baum aussuchen und selbst schlagen. Die Bäume aus regionalem Anbau sind nicht nur frisch, sondern haben auch einen deutlich geringeren ökologischen Fußabdruck.

 **Tipp:** Wenn ihr Wert auf Nachhaltigkeit legt, wie wäre es mit einem Weihnachtsbaum, den ihr nach dem Fest wieder einpflanzen könnt? Immer öfter werden nämlich Weihnachtsbäume mit Wurzelballen verkauft. Für alle, die keinen eigenen Garten haben, bieten einige Baumschulen auch einen zusätzlichen Service an. Nach dem Fest holen sie euren Baum wieder ab und pflanzen ihn bis zum nächsten Jahr wieder ein.

38. Eine Wattwanderung unternehmen €€
Eine Wattwanderung ist ein Muss im Nordseeurlaub. Denn das Wattenmeer – auch wenn es im ersten Moment ziemlich karg und eintönig wirkt – ist ein vielseitiger Lebensraum mit einer beeindruckenden Pflanzen- und Tierwelt. Wattwürmer produzieren ihre typischen Häufchen, Krebse kriechen seitwärts an euch vorbei und unzählige Muscheln haben hier ihr Zuhause. Hier gibt es so einiges zu entdecken! Allerdings ist eine Wanderung im Watt alles andere als ungefährlich. Um nicht von Seenebel oder dem zurückfließenden Wasser überrascht zu werden, bucht ihr am besten eine geführte Wanderung bei einem zertifizierten Wattführer. Neben gutem Wissen zu den Gezeiten versorgt euch dieser auch mit allerhand spannenden Informationen zu den Wattbewohnern.

39. Tretboot fahren €
Zu den Topaktivitäten im Sommer gehört eine gemütliche Tretbootfahrt mit der Familie. Denn nicht nur im Wasser planschen macht Spaß, sondern auch eine Bootsfahrt auf dem Wasser. So lässt sich der See von einer ganz anderen Perspektive aus entdecken. Und vielleicht findet ihr ja eine schöne Stelle, an der ihr euch treiben und die Beine im Wasser baumeln lassen könnt. Ganz wichtig: Schwimmwesten nicht vergessen!

40. Die Kirschblüte bewundern €
Blühende Kirschlandschaften im Frühling sind nicht nur ein japanisches Phänomen. Auch in unseren Breitengraden finden sich traumhafte Orte, an denen die Kirschblüte bestaunt werden kann. Der wohl bekannteste Ort in Deutschland ist die Heerstraße in Bonn, aber auch andere Großstädte wie Berlin, Hamburg oder Hannover verzaubern mit Hunderten rosafarbenen Bäumen.

41. Auf einen Baum klettern €

Kinder lieben es, auf Bäume zu klettern. Allerdings hat es ein Großteil der Kids von heute noch nie gemacht. Sie sind noch nie allein auf einen Baum geklettert, um von oben das muntere Treiben in den Ästen oder die vorbeiziehenden Wolken zu beobachten. Auch bei den meisten Erwachsenen liegt diese Erfahrung schon einige Jahrzehnte zurück. Dabei fördert Klettern in der Natur die Konzentration und sorgt bei Kindern für kleine Erfolgserlebnisse. Wenn ihr gemeinsam einen Baum hinaufklettern wollt, sucht euch für den Anfang einen breiten Baum mit starken Ästen aus. Als Test könnt ihr euch an einen der unteren Äste hängen. Und dann kann es auch schon losgehen. Ein Tipp für den Anfang: Schaut immer mal wieder nach unten. Es ist nämlich auch wichtig, dass ihr wieder herunterkommt. Oft ist es so, dass gar nicht mal der Weg nach oben die Herausforderung ist, sondern der Weg abwärts.

42. Eine Sandburg bauen

Sandburgen bauen macht nicht nur Kindern, sondern auch Erwachsenen Freude. Also ab zum Strand. Ob am Meer, am Badesee oder an dem Spielplatz hinter dem Haus, ist dabei zunächst zweitrangig. Alles, was ihr braucht, sind ein Eimer, ein paar Schippchen und Förmchen. Die Profis unter euch nehmen für filigrane Arbeiten noch Pinsel oder Besteck mit. Und dann kann es auch schon losgehen. Ob klassische Sandburg, Fantasiegebilde oder der Nachbau eures liebsten Märchenschlosses bleibt euch überlassen. Der Kreativität sind allenfalls physikalische Grenzen gesetzt.

Achtung: Imposante Sandburgen sind nicht überall erlaubt. Die Regeln sind oft strenger, als man erwartet. An allen Stränden auf Sylt sowie auf einigen Stränden der Insel Fehmarn ist das Bauen von Sandburgen sogar komplett verboten. Andernorts gibt es Regelungen zur maximalen Höhe oder zum Durchmesser. Was wie ein schlechter Scherz klingt, hat ernste Gründe: Trifft der starke Küstenwind auf aufgetürmte Sandberge, wird zu viel Sand abgetragen.

Informiert euch daher am besten vorab, welche Regeln gelten. Um die Sicherheit anderer nicht zu gefährden, ist es ohnehin sinnvoll, Löcher wieder zuzuschaufeln und Hindernisse – auch wenn es die eigene Sandburg ist – zu beseitigen. Was für Erwachsene nach all dem Aufwand unvorstellbar ist, ist für kleine Sandkünstler oft halb so wild. Im Gegenteil: Schließlich hat das Sandburgenbauen, großen Spaß gemacht. Da ist das fertige Ergebnis halb so wichtig und das Zerstören des eigenen Kunstwerkes der krönende Abschluss.

43. Sonnenaufgang und -untergang am selben Tag beobachten €

Ein stimmungsvoller Sonnenaufgang lässt einen doch bereits mit einem Lächeln im Gesicht in den Tag starten. Genauso wie ein Sonnenuntergang am Abend der perfekte Ausklang eines ereignisreichen Tages ist. Wäre es da nicht perfekt, ein und denselben Tag mit einem Sonnenaufgang und einem Sonnenuntergang zu verbringen? Wenn ihr euch für euer Vorhaben den deutschen Sommer aussucht, solltet ihr euch zur Sicherheit zwei Wecker stellen. Im Winter sind euch ein paar Stunden mehr Schlaf gegönnt. Dafür sind allerdings eine dicke Decke sowie eine heiße Thermoskanne ratsam.

44. Ein Baumhaus bauen €€€

Ein eigenes Baumhaus ist *der* Kindheitstraum schlechthin. Wenn ihr einen großen Garten mit alten Bäumen habt, ist ein Baumhaus fast schon ein Muss. Ein Baumhaus ist Rückzugsort, Spieloase und ein tolles Gemeinschaftsprojekt für Familien. Bis das fertige Baumhaus steht, sind nämlich so einige Projektschritte erforderlich. Es vergehen gut und gerne einige Wochen, bis ein geeigneter Baum ausgewählt, das Baumhaus geplant, gebaut und eingerichtet ist. Nebenbei lernen die Kinder – unter Anleitung und Aufsicht der Eltern – mit Hammer und Co. umzugehen. Und ein Baumhaus, an dem man selbst mitgebaut hat, ist schließlich noch einmal mehr etwas Besonderes.

45. Eine Schnitzeljagd veranstalten €

Die gute alte Schnitzeljagd – wer erinnert sich noch? Bei der klassischen Schnitzeljagd teilt ihr euch in zwei Gruppen auf: die *Verstecker* und die *Sucher*. Die Gruppe der Verstecker hat 15 Minuten Vorsprung und markiert ihren Weg (z. B. mit Kreide oder Sägespänen). Die Gruppe der Sucher hat die Aufgabe, die Verstecker zu finden und einzuholen. Damit es nicht so einfach wird, können die Verstecker sogenannte Sackgassen legen. So viel zur klassischen Version. Selbstverständlich gibt es diverse Varianten, eine Schnitzeljagd zu gestalten. Ihr könnt etwa eine Schatzsuche draus machen: Ziel ist es, einen Schatz zu finden, zu dem ihr euch von Hinweis zu Hinweis hangelt.

 **Tipp:** Möchtet ihr alle gemeinsam auf Schnitzeljagd gehen, dann könnt ihr auch fertige Schnitzeljagden bestellen. Möglich ist dies in vielen Großstädten wie Köln, Düsseldorf oder Hamburg (z. B. *www.stadtspiel-schnitzeljagd.de*). Statt eintöniger Stadtführung begebt ihr euch auf eine spannende Entdeckungsreise.

46. Geocaching €

Die Kids (oder auch die Erwachsenen) wollen lieber mit dem Smartphone spielen, als nach draußen zu gehen? Dann probiert es einmal mit Geocaching, denn die moderne Version der klassischen Schatzsuche verbindet beides. Beim Geocachen sucht ihr mithilfe von GPS-Koordinaten einen Schatz, den Cache. Im einfachsten Fall sind Caches kleine Dosen, in denen sich ein Logbuch befindet. In das Logbuch könnt ihr eure Namen eintragen und wann ihr den Cache gefunden habt. In den Caches sind oft auch kleine Tauschgegenstände zu finden.

Bevor ihr hierzu kommt, heißt es allerdings zunächst, das Versteck aufzuspüren. Hierzu ladet ihr die kostenlose Geocaching-App auf euer Smartphone und lasst euch mit GPS-Koordinaten in die Nähe eines Caches lotsen. Dann heißt es: Augen auf. Die Caches sind mitunter sehr kreativ versteckt. Sie können beispielsweise in einer Asthöhle, unter einem Stein oder per Magnet unter einer Parkbank versteckt sein. Für erfahrene Cacher gibt es Rätselcaches, Nachtcaches oder Multis, die aus mehreren Stationen bestehen. Probiert es einfach mal aus, dann werdet ihr das Vokabular schnell verinnerlicht haben.

47. Im Park picknicken €

Klingt einfach, aber wann habt ihr tatsächlich einmal kleine Leckereien zubereitet, euer Körbchen gepackt und an einer schönen Stelle im Freien eure Decke aufgeschlagen? Dabei gibt es nichts Besseres für einen entspannten Tag. Alle sitzen auf dem Boden und wer sich zwischendrin bewegen möchte, steht einfach auf.

Hier einige Ideen für euer Familienpicknick:
- Frucht- und Gemüsespieße
- Kekse
- Trauben
- Süße oder herzhafte Muffins
- Wraps
- Melone
- Getreidestangen
- Brötchen
- Hartgekochte Eier
- Käsesticks
- Brezeln
- (Vegetarische) Frikadellen, Mini-Würstchen

48. Einen Drachen bauen und steigen lassen €
Der Herbst ist traditionell die Jahreszeit zum Drachen steigen lassen. Noch mehr Spaß macht es, wenn ihr den Drachen, den ihr auf lustige Mission schickt, selbst gebaut habt. Ein einfacher Drache ist schnell und günstig gebaut. Alles, was ihr hierfür benötigt, sind (Pack-)Papier, zwei leichte Holzstreben und Bindfaden. Für eine persönliche Note kann der Drache am Ende noch kunterbunt bemalt und mit Schleifchen verziert werden.

49. Wolken beobachten €
Sucht an einem warmen Sommertag eine schöne Wiese, legt euch ins sattgrüne Gras und beobachtet, wie die Wolken vorbeiziehen. Fantasiert gemeinsam, welche Motive ihr in den Wolken erkennt, und überlegt euch kleine Geschichten. Bei der Gelegenheit könnt ihr übrigens auch perfekt die Frage klären, wie Wolken eigentlich entstehen. Oder ihr spielt Wetterfrosch. Wolken erlauben nämlich auch Vorhersagen in Bezug auf das Wetter. Schäfchenwolken beispielsweise sind perfekt zum Wolkenbeobachten und Träumen, kündigen aber auch schlechtes Wetter an.

50. Ein Iglu bauen €
Wer das Wort «Iglu» hört, denkt an die großen Schneehäuser der Inuit. Hierzulande haben wir deutlich weniger Schnee als in der Arktis, aber das sollte euch nicht davon abhalten, seltene Schneetage für den Bau eines Iglus zu nutzen. Hierfür eignet sich am besten pappiger Nassschnee. Für einfache Varianten benötigt ihr nicht viel mehr als einen Stock, eine Schnur und ein paar Eimer oder einen Schneeschieber. Damit euer Iglu schön rund wird, nehmt im ersten Schritt einen Stock und eine Schnur und zeichnet damit einen Kreis für die Grundfläche. Achtet darauf, dass die Fläche nicht zu groß wird. Anschließend schnappt ihr euch die Eimer und füllt die Fläche mit Schnee. Wenn der Berg eine gute Höhe erreicht hat, klopft ihr alles schön fest. Nun höhlt ihr den Schneeberg aus. Fertig ist das Iglu.

51. Muscheln sammeln €
Muscheln sammeln gehört zu einem perfekten Strandtag dazu. Die unterschiedlichen Formen und Farben sind einfach zu faszinierend. Weltweit gibt es immerhin rund 10.000 verschiedene Arten. An den Stränden von Nord- und Ostsee findet ihr hauptsächlich Herzmuscheln, Miesmuscheln, Scheidenmuscheln, Schwertmuscheln und Bohrmuscheln. Wenn ihr zu Hause seid, könnt ihr daraus einige großartige Erinnerungsstücke basteln.

Bastelideen mit Muscheln:
- Muschelkette
- Mobile aus Muscheln
- Sandgläser mit Muscheln dekorieren
- Muscheln bemalen
- Muschel-Kastagnetten

52. Einen Komposthaufen anlegen €

Laub, Melonenschalen, Teeblätter – was auf dem Kompost landet, ist kein echter Müll. Denn alles, was auf den Komposthaufen wandert, wird wieder zu Erde, die wiederum neue Pflanzen hervorbringt. Ein Komposthaufen im eigenen Garten schafft schon bei den Jüngsten ein Bewusstsein für Nachhaltigkeit. Außerdem liefert er Antworten auf spannende Fragen: Wie entsteht Erde? Was passiert mit Essensresten? Wie lange dauert es, bis Kartoffelschalen verrottet sind?

53. Im Meer schnorcheln €-€€€

Flinke Fische, farbenfrohe Korallen, schillernde Riffe und kristallklares Wasser – die bunte Unterwasserwelt wartet nur darauf, von euch entdeckt zu werden. Ausgerüstet mit Flossen, Schwimmbrille und Schnorcheln könnt ihr so manche magische Begegnung mit den Wasserbewohnern erleben. Ihr werdet erstaunt sein, was es aus der Fischperspektive so alles zu entdecken gibt. Für den Anfang reicht ein einfaches Schnorchel-Set. Ist der Funke erst einmal übergesprungen, könnt ihr an den meisten Schnorchel-Spots – ab einem Alter von ca. sechs Jahren – auch Kurse belegen. Wenn ihr vor Ort keine Zeit verlieren wollt, könnt ihr auch bei einem Schnorchelkurs in heimischen Gewässern (oder dem Hallenbad) die richtige Technik lernen.

Übrigens: Um paradiesische Unterwasserwelten zu bestaunen, braucht ihr nicht um die halbe Welt zu reisen. Hier eine Auswahl der schönsten Plätze zum Schnorcheln in Europa:

- Kreta (z. B. der Elafonisi-Strand oder die Lagune von Balos)
- «Blaue Lagune» (nahe der Insel Comino)
- Sardinien (Bucht von Cala Coticcio)
- Portugal (Algarve und Azoren)
- Kroatien (Kap Kamenjak)

54. Baumgeister entdecken €
Keine Angst: Hierbei geht es ganz und gar nicht gruselig zu. Baumgeister sind Gesichter von Menschen, Tieren und Fabelwesen, die mit etwas Fantasie in Bäumen zu erkennen sind. Sie verstecken sich vorwiegend in alten Buchen- oder Eichenwäldern. Besonders Kinder sind gut darin, die versteckten Waldwesen aufzuspüren. Gebt ihnen Namen, fotografiert oder verschönert sie mit Moos, Steinchen und allerlei weiteren Waldutensilien.

55. Auf einem Wasserspielplatz spielen €
Temperaturen jenseits der 30 Grad sind kein Grund, nicht auf den Spielplatz zu gehen. Wasserspielplätze sind mit Wasserpumpen, -rinnen und -becken ausgestattet. Beste Voraussetzungen also für eine Wasserschlacht zum Planschen oder Matschburgen bauen – Wechselkleidung nicht vergessen!

56. Wilde Beeren pflücken €
Den ganzen Sommer hindurch, bis in den Herbst hinein, wachsen in unseren heimischen Wäldern wilde Beeren. Frisch vom Strauch schmecken sie besonders süß und aromatisch. Wenn dann noch der süße Saft an den Händen klebt und sich das Körbchen langsam füllt, gibt es kein Halten mehr. Also nichts wie raus in die Natur. Hinterher könnt ihr eure Ernte zu leckeren Muffins, Marmelade oder Smoothies verarbeiten.

Tipp: Auf der Website *https://mundraub.org/* haben andere Sammler und Sammlerinnen ihren Fundort notiert. Neben Beeren findet ihr hier auch öffentlich zugängliche Fundstellen von anderen Obstbäumen und Kräutern.

57. Wildkräuter sammeln €-€€
Normalerweise würden die Kids neun von zehn Wildkräutern nicht essen, da sie oft einen bitteren Geschmack haben. Aber selbst gepflückt sieht das natürlich ganz anders aus. Auf einmal wird aus der scheinbar grünen Wiese eine spannende Entdeckungsreise. Die stolz wiedererkannten und frisch gepflückten Kräuter werden gern probiert und zu Hause zu leckeren Gerichten verarbeitet.

Optional: Wenn ihr als Stadtkinder wenig Erfahrung mit Wildkräutern habt und unsicher seid – immerhin sind einige Pflanzen giftig oder stehen unter Schutz – bucht eine geführte Kräuterwanderung. Der Kräuterexperte oder die Kräuterexpertin zeigt euch, wie ihr die Kräuter erkennen und welche Gerichte ihr aus ihnen zubereiten könnt.

58. Pilze sammeln €

Dosenchampignons kennt jeder. Aber wer kann schon von sich behaupten, zu wissen, wo Pilze in ihrer natürlichen Umgebung wachsen, geschweige denn, schon einmal selbst gepflückte Pilze verspeist zu haben. Dabei wachsen Pilze fast das ganze Jahr über. Die beste Ausbeute werdet ihr allerdings im Herbst haben, und zwar dann, wenn es draußen weder zu nass noch zu trocken ist. Die meisten Pilze lieben schattige Orte im Wald. Eine ideale Gelegenheit, mal wieder dorthin abzutauchen. Vielleicht habt ihr bei eurer Tour abseits der Wege ja sogar das Glück, ein Eichhörnchen oder sogar ein Reh zu sehen. Für den Ausflug braucht ihr nicht viel: Zur Ausrüstung eines Pilzsammlers bzw. einer Pilzsammlerin gehören ein luftdurchlässiger Korb, ein Bestimmungsbuch und ein Messer.

Die wichtigste Regel für große und kleine Pilzsammler und -sammlerinnen lautet: Selbst geerntete Pilze niemals roh probieren! Auch zu Hause sollte erst einmal eindeutig geklärt werden, ob eure Fundstücke genießbar sind, denn eine Pilzvergiftung ist nicht lustig. Ist euch das Ganze zu heikel, könnt ihr eure Ausbeute auch einem Profi zeigen. Oder noch besser: direkt eine geführte Tour buchen.

59. In Pfützen springen €

Pfützen üben auf Kinder eine nahezu magische Anziehungskraft aus. Trotz Ermahnung ist es für die Kleinen schwer, der Versuchung zu widerstehen. Es muss darüber- und hineingesprungen werden. Die Kinder sind begeistert – die Erwachsenen meistens weniger.

Aber warum sind Pfützen so toll? Die Faszination hat vermutlich mehrere Gründe: Zum einen haben Kinder die Möglichkeit, das Element Wasser zu erforschen (wie verändert sich etwa Wasser, wenn man einen Stein hineinwirft?). Zum anderen macht es einfach Spaß, wenn es platscht und spritzt. Warum nicht einfach mal eine Lehrstunde daraus machen, experimentieren und der Kreativität freien Lauf lassen?

Ideen für Pfützenspiele:

- Pfützenkunst: Die Ränder der Pfützen werden mit Steinchen oder Ästen verziert.
- Fantasiegeschichte: Einer von euch erzählt eine Fantasiegeschichte. Immer wenn die Wörter «nass», «Wasser» und «Regen» vorkommen, hüpft ihr, so schnell es geht, in eine Pfütze.
- Schiffchen basteln: Faltet kleine Schiffe aus Papier und lasst diese auf einer Pfütze fahren. Wie viele Steinchen könnt ihr wohl in euer Schiff packen, bis es untergeht?
- Pfützenspringen: der Klassiker! Bei wem spritzt das Wasser höher und weiter? Oder alternativ: Wer schafft es, auf einem Bein durch die meisten Pfützen zu springen?
- Pfützenvergleich: Nehmt euch einen Stock als Messgerät und geht auf die Suche nach der tiefsten oder breitesten Pfütze.
- Boccia: Analog zum richtigen Boccia werft ihr einen großen Stein in eine flache Pfütze. Wer es mit seinen kleineren Steinchen schafft, am nächsten zu oder direkt an dem großen Stein zu landen, hat gewonnen.

60. Waldbaden

Mittlerweile ist wissenschaftlich belegt: Aufenthalte im Wald wirken sich nachweislich positiv auf den Körper aus. Wir kommen zur Ruhe, stärken unser Immunsystem und bauen Stress ab. Ein triftiger Grund also, mit der ganzen Familie mehr Zeit in den heimischen Gehölzen zu verbringen oder mehr noch: mit allen Sinnen ins Grüne abzutauchen. Schließlich sind nicht nur Erwachsene, sondern auch Kinder oft starken Reizen ausgesetzt. Waldbaden ist kein anderer Begriff für einen Waldspaziergang, sondern eine anerkannte Stressmanagement-Methode und in Japan sogar fester Bestandteil der Gesundheitsvorsorge. Waldbaden (japanisch: Shinrin Yoku) bedeutet, achtsam in den Wald zu gehen, sich treiben zu lassen und Zeit für kleine Entdeckungen zu nehmen. Mitten in der Natur können Groß und Klein ihrer Neugierde nachgehen und Erlebtes verarbeiten. Kindern lernen durch die achtsamen Aufenthalte in der Natur zudem den Wald als einen Ort kennen, der ihnen guttut – die perfekte Basis, um den Wald als Lebensraum zu achten und sich für dessen Schutz einzusetzen.

Um Waldbaden zu praktizieren, könnt ihr allesamt einen Kurs besuchen sowie online oder offline nach Inspiration suchen.

Auch folgende Ideen können euch helfen, bewusst Zeit in der Natur zu verbringen:

- Seid ganz leise und lauscht den Geräuschen des Waldes. Was könnt ihr hören?
- Nehmt eine Decke mit, legt euch auf den Waldboden und beobachtet, wie die Blätter und Äste im Wind schaukeln.
- Umarmt gemeinsam den größten Baum, den ihr finden könnt.
- Zieht die Schuhe aus und spürt, wie sich Laub und Moos unter euren Füßen anfühlen.
- Sammelt Tannenzapfen, bunte Blätter, Eicheln und was ihr noch alles Tolles finden könnt.

61. Tierspuren im Wald entdecken €

«Guck mal, hier ist eine Ente gewatschelt.» «Und hier, die bunten Federn. Von welchem Vogel die wohl sind?» So oder so ähnlich kann es gehen, wenn ihr bei einem Waldspaziergang ganz genau hinschaut. Wildtiere sind zwar scheu und selten im Wald zu entdecken, aber wenn ihr aufmerksam seid, werdet ihr viele Anzeichen für ihre Anwesenheit aufspüren. Die Spuren lassen sich besonders gut finden, wenn der Boden feucht ist. Oder noch besser: wenn Schnee liegt. Spuren zu identifizieren (die Fährte aufzunehmen) und ihnen zu folgen, ist eine alte Kunst, die Menschen vor nicht allzu langer Zeit noch vor dem Verhungern bewahrte. Dies ist heute nicht mehr vonnöten. Aber dennoch ist das Fährtenlesen ein fesselndes Erlebnis. Immerhin ist hierbei allerhand detektivischer Spürsinn gefragt und eine jede Fährte erzählt eine kleine Geschichte.

Hier einige Beispiele:

- «Sind das nicht die Abdrücke von Hasenpfoten? Und gleich dahinter die Abdrücke eines anderen Tiers! Vor wem der Hase wohl geflohen ist?»
- «Wärt ihr nicht so aufmerksam, hättet ihr die winzigen Abdrücke eines Eichhörnchens übersehen. Bis zu welchem Baum ihr die Spuren wohl nachverfolgen könnt?»
- «Igitt, fast wärt ihr in ein Häufchen getreten. Von welchem Tier die Hinterlassenschaft wohl ist?» (Wenn der Kot frisch aussieht, kann das Tier nicht weit sein.)

62. Schneeballschlacht €
Juchhu, es schneit! Zieht euch warm an, denn der Kampf mit den kalten Bällen beginnt. Eine Schneeballschlacht gehört zum winterlichen Vergnügen unbedingt dazu. Sich gegenseitig zu bewerfen, einen Treffer zu landen und geschickt den gegnerischen Schneebällen auszuweichen, bringt nicht nur Kindern Spaß. Statt gegeneinander zu spielen, fordert doch mal die Nachbarsfamilien zu einem Match heraus.

63. Schneemann bauen €
Wer kennt es? Kaum sind die ersten Flocken gefallen, zieht es euch magisch nach draußen. Eine der beliebtesten Aktivitäten bei reichlich Schnee ist definitiv, einen Schneemann zu bauen. Auch wenn der eisige Gefährte euch nur eine begrenzte Zeit Gesellschaft leistet zaubert er doch jedem Menschen, der ihn erblickt, ein Lächeln ins Gesicht. Und wer weiß, in Teamwork erschafft ihr vielleicht sogar eine ganze Schneefamilie?

64. Einen Wildblumenstrauß pflücken €
Ein Strauß wilder Blumen ist nicht nur um ein Vielfaches günstiger als ein Strauß Rosen aus dem Blumenladen, sondern versprüht auch einen ganz besonderen Charme – das ideale Geschenk für liebe Nachbarn oder die Großeltern. Wichtig: Nehmt dabei Rücksicht auf die Natur. Blumen, die in Naturschutzgebieten wachsen oder gar unter Artenschutz stehen, sind tabu. Achtet darauf, nicht blindlings alle Pflanzen um euch herum zu zertreten, und lasst die Wurzeln im Boden. So hat die Pflanze eine Chance, sich wieder zu erholen.

65. Eine Höhle besichtigen €€
Faszinierende Entstehungsgeschichten, eine kleine Abkühlung im Sommer, ein trockenes Plätzchen bei Regen und eine geheimnisvolle Welt unter Tage: Es gibt viele Gründe dafür, gemeinsam auf Entdeckungstour zu gehen. Hierfür müsst ihr noch nicht einmal weit fahren. Spektakuläre Höhlen gibt es nämlich auch in Deutschland.

Hier einige beeindruckende Höhlen in Deutschland:

- Teufelshöhle in Pottenstein (Bayern)
- Saalfelder Feengrotte (Thüringen)
- Kalkberghöhle in Bad Segeberg (Schleswig-Holstein)
- Barbarossa-Höhle (Thüringen)
- Schauhöhle Breitscheid (Hessen)

- Atta-Höhle in Attendorn (NRW)
- Eberstadter Tropfsteinhöhle im Odenwald (Baden-Württemberg)
- Binghöhle in Streitberg (Bayern)
- Schellenberger Eishöhle (Bayern)
- Wimsener Höhle (Baden-Württemberg)
- Falkensteiner Höhle (Baden-Württemberg)

66. Eine Mondfinsternis beobachten €

Bei einer Mondfinsternis steht der Mond, von der Sonne aus gesehen, genau hinter der Erde. Diese wirft einen Schatten auf den Mond, sodass dieser für uns kaum sichtbar ist und in einer rötlich-braunen Farbe erscheint. Ein seltenes Ereignis, das in Deutschland im Schnitt alle 2,5 Jahre stattfindet.

Also tragt euch die nächsten Termine am besten schon einmal in den Kalender ein:

- 28. Oktober 2023
- 14. März 2025
- 7. September 2025
- 31. Dezember 2028
- 26. Juni 2029
- 20. Dezember 2029

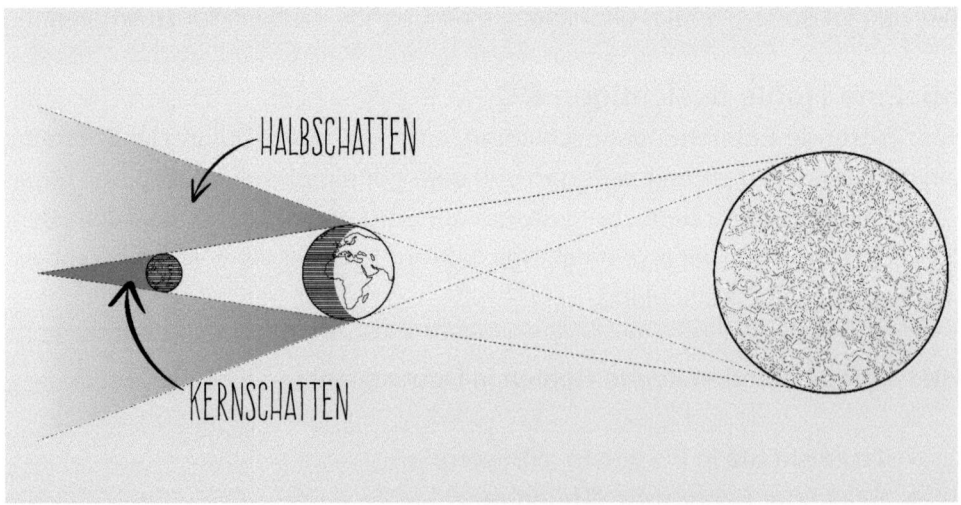

67. Eine Eisbahn anlegen €

Lust auf eine Runde Eisschlittern oder Eisstockschießen mit der ganzen Familie? Dann aufgepasst: Mit einer eigenen Eislaufbahn im Garten baut ihr euch nämlich einen besonders coolen Winterspaß. Für die selbst gebaute Eisbahn benötigt ihr lediglich Holzbalken, einen Tacker und feste Folie. Und dann heißt es auch schon «Wasser marsch!». Damit ihr möglichst lange Freude an eurer Eisfläche habt, haltet die Wettervorhersage gut im Auge und wartet ab, bis anhaltendes Frostwetter angekündigt wird.

68. Winterpicknick €

Ganz klar: Nur weil es draußen kalt ist, müsst ihr nicht aufs Picknicken verzichten. Denn gerade an Schneetage ist es ein tolles Erlebnis, wenn ihr euren Winterspaziergang bei einem Familienpicknick ausklingen lasst. Was natürlich nicht fehlen darf, sind warme Getränke und Speisen wie Kinderpunsch, deftige Suppen und Kekse. Vergesst den Schlitten nicht. Er ist nicht nur praktisch für den Transport eurer Leckereien, sondern auch als Sitzplatz hervorragend geeignet.

69. Den höchsten Gipfel der Stadt (oder des Bundeslandes) erklimmen €

Die jeweils höchsten Berge auf allen Kontinenten zu besteigen, ist der Traum vieler Bergsteiger und Bergsteigerinnen. Ein Kunststück, welches bislang nur wenigen Menschen gelang. Im Vergleich zu den «7 Summits» sind die «16 Summits» da schon realistischer – auch mit Kindern. Hierbei handelt es sich um die jeweils höchsten Erhebungen in den 16 deutschen Bundesländern.

Von leicht bis herausfordernd sind alle Schwierigkeitsgrade vertreten. Wenn ihr in Bremen wohnt, habt ihr Glück: Lediglich 32,5 Höhenmeter müsst ihr überwinden, um den höchsten Punkt des kleinsten Bundeslandes zu erklimmen. Die Zugspitze in Bayern ist mit ihren 2962 Metern schon ein anderes Kaliber. Ob ihr hochwandert oder alternative Beförderungen erlaubt sind, bleibt euch überlassen. Die «16 Summits» sind ein tolles Langzeitprojekt, bei dem ihr viel Zeit in der Natur verbringen und einiges von Deutschland sehen könnt.

Nachfolgend findet ihr einen Überblick über die höchsten Berge der 16 Bundesländer.

BUNDESLAND	BERG	HÖHE
Baden-Württemberg	Feldberg	1493 Meter
Bayern	Zugspitze	2952 Meter
Berlin	Erhebung der Arkenberge	102,7 Meter
Brandenburg	Kutschenberg	201 Meter
Bremen	Erhebung im Friedhofspark	32,5 Meter
Hamburg	Hasselbrack	116,2 Meter
Hessen	Wasserkuppe	950 Meter
Mecklenburg-Vorpommern	Helpter Berg	179,2 Meter
Niedersachsen	Wurmberg	971,2 Meter
Nordrhein-Westfalen	Langenberg	843,2 Meter
Rheinland-Pfalz	Erbeskopf	816,3 Meter
Saarland	Döllberg	695,4 Meter
Sachsen	Fichtelberg	1214,8 Meter
Sachsen-Anhalt	Brocken	1141,2 Meter
Schleswig-Holstein	Bungsberg	167,4 Meter
Thüringen	Großer Beerberg	982,9 Meter

SPORTLICH

Möglichkeiten, euch als Familie so richtig auszupowern, gibt es unendlich viele. Eine Auswahl findet ihr natürlich auch in den Vorschlägen. Keine Sorge: Die meisten Ideen sind auch für Einsteiger und Einsteigerinnen machbar.

70. Ein Tandem ausleihen und damit fahren €€

Wie sagt man so schön: Geteilte Kraftanstrengung ist halbe Kraftanstrengung ... oder so ähnlich. Beim Tandemfahren könnt ihr wieder unter Beweis stellen, wie toll ihr als eingespieltes Team harmoniert. Der große Vorteil eines Tandems ist nicht nur das gemeinsame Erlebnis, sondern dass ihr gemeinsam in die Pedale tretet. Schnellere Radler und Radlerinnen brauchen ihr Tempo nicht zu drosseln und diejenigen mit kürzeren Beinen nicht wie wild in die Pedale zu treten. Bremsmanöver, Lenken, Gangwechsel und Anfahren – all dies liegt im Verantwortungsbereich des vorderen Fahrers oder der Fahrerin. Aufgabe des hinten Sitzenden ist es, ordentlich mit in die Pedale zu treten und dem Vordermann oder der Vorderfrau Vertrauen zu schenken. Das klassische Tandem ist für zwei Personen konzipiert. Es gibt allerdings auch Räder, auf denen drei, vier oder noch mehr Personen Platz haben.

71. Stand-up-Paddling ausprobieren €€

Beim Stand-up-Paddling, kurz SUP, paddelt ihr auf einem Board stehend auf dem Wasser. Dabei seid ihr nicht nur an der frischen Luft, sondern powert euch nebenbei so richtig aus – ideale Voraussetzungen für einen Familienausflug. Kleinere Kinder können bequem als Passagier auf dem Board der Eltern oder größerer Geschwister mitfahren. Ab einem Alter von sechs Jahren sind kleine Paddler – wenn sie wollen – bereit für ein Kinder-SUP. Egal wie alt gilt aber: Ein SUP ist keine Schwimmhilfe. Eine Schwimmweste ist Pflicht.

72. In einem Hochseilgarten klettern €€

Hochseilgärten sind eine prima Gelegenheit, euren Familienzusammenhalt unter Beweis zu stellen. In luftiger Höhe motiviert ihr euch an den verschiedenen Stationen gegenseitig und unterstützt euch, eure Ängste zu überwinden. Beim Bewältigen des Parcours kommt es dabei weniger auf Kraft und Technik, sondern auf Mut und Schwindelfreiheit an, sodass die Kleinen den Großen in nichts nachstehen.

73. Schlittschuhlaufen €-€€

Ob in der Schlittschuhhalle oder auf einem zugefrorenen See – sobald das Quecksilber unter den Gefrierpunkt rutscht, heißt es: rauf aufs Eis. Die ersten Schritte sind noch etwas wackelig. Doch mit ein wenig Übung und Durchhaltevermögen werdet ihr schnell zu echten Eisprofis. Eine Schlittschuhhalle hat den Vorteil, dass ihr euch Schlittschuhe und Laufhilfen zum Festhalten leihen könnt. Außerdem seid ihr weniger abhängig vom Wetter. Falls ihr lieber auf einem See fahren wollt, erkundigt euch vorher unbedingt, ob der See zum Eislaufen freigegeben ist.

74. Slacklining €€

Slacklining ist eine tolle Freizeitbeschäftigung für Familien, da sie für alle Altersgruppen eine reizvolle Herausforderung ist – vom Kleinkind bis zum Senior. Die Slackline ist ein Kunstfaserband, das zwischen zwei Bäumen angebracht wird. Wer keinen eigenen Garten mit zwei passenden Bäumen hat, kann seine Slackline einfach in den Park mitnehmen. Das Balancieren auf der Slackline trainiert spielerisch den Gleichgewichtssinn und die Konzentrationsfähigkeit, egal in welchem Alter. Für Anfänger und Anfängerinnen ist es bereits eine Herausforderung, auf dem Band stehenzubleiben. Mit etwas Übung werdet ihr aber schnell zu echten Seiltänzern.

Tipps für Slackline-Anfänger und -Anfängerinnen

- Befestigt die Slackline nah am Boden. So fühlt ihr euch sicherer und fallt nicht so tief.
- Wenn ihr barfuß geht, habt ihr einen besseren Halt.
- Schaut geradeaus, nicht auf eure Füße.
- Versucht, statt sofort loszugehen, erst einmal auf einem Bein zu balancieren.
- Spannt die Slackline möglichst fest, sodass sie weniger wackelt.

75. Blobbing €€

«Blobbing» ist der Wassersporttrend schlechthin und genau die richtige Aktivität für einen heißen Sommertag. Bei dieser verrückten Sportart sitzt einer von euch auf einer Art schwimmenden Hüpfburg, dem «Blob». Ein anderes Familienmitglied springt von einem Turm ebenfalls auf den «Blob» und katapultiert so die sitzende Person in hohem Bogen ins kühle Nass. Der Haken: Noch ist der Trendsport in Deutschland relativ unbekannt. Aktuell gibt es nur eine Handvoll Anbieter.

76. Eine Kanutour machen €€

Entdeckt eine fremde Umgebung doch einmal aus einer anderen Perspektive. Zum Beispiel vom Wasser aus. Lauscht dem Zwitschern der Vögel und beobachtet den einen oder anderen Wasserbewohner. Beim Kanufahren sitzt ihr sprichwörtlich im selben Boot, denn eine Fahrt klappt nur miteinander, nicht gegeneinander. Spätestens am Abend werdet ihr dann merken, dass ihr nebenbei ziemlich sportlich unterwegs gewesen seid. Wie wäre es, den gemeinsamen Nachmittag mit einem Picknick ausklingen zu lassen?

Damit die Kanufahrt zu einem erholsamen und vor allem auch sicheren Erlebnis wird, gibt es ein paar Punkte zu bedenken:

- **Schwimmweste tragen:** ob Groß, ob Klein – völlig egal. Eine Schwimmweste ist für jeden Passagier und jede Passagierin Pflicht. Kinder sollten außerdem mit dem Element Wasser vertraut und Erwachsene gute Schwimmer sein, um im Falle einer Kenterung Ruhe bewahren zu können.

- **Sonnenschutz:** Im Kanu werdet ihr längere Zeit der Sonne ausgesetzt sein. Cremt euch gut ein und denkt an Sonnenbrille und Kopfbedeckung.

- **Regen & Gewitter:** Nicht nur, dass Kanufahren bei Regen nicht sonderlich viel Spaß macht, es ist auch gefährlich.

77. An einer Extremwanderung teilnehmen €-€€

Mit Sicherheit kennt ihr das schmerzhafte Gefühl in den Füßen, wenn ihr nach einem anstrengenden Sightseeing-Tag die Schuhe auszieht und euer Smartphone euch mitteilt, dass ihr ganze 20 Kilometer zurückgelegt habt. Jetzt stellt euch mal vor, noch weitere 80 Kilometer laufen zu müssen. Bei Extremwanderungen wie dem Mammutmarsch oder Megamarsch gilt es, diese Distanz innerhalb von 24 Stunden zurückzulegen. Wenn euch das – verständlicherweise – doch eine Nummer zu groß ist, gibt es auch kürzere Varianten mit «nur» 30 oder 50 Kilometern.

Warum ihr euch diese Strapazen antun solltet? Nun ja, wer kann schon von sich behaupten, 30, 50 oder gar 100 Kilometer am Stück gewandert zu sein? Auch wenn ihr die Ziellinie nicht überqueren solltet, könnt ihr verdammt stolz auf euch sein, den Mut und die Disziplin aufgebracht zu haben, überhaupt gestartet zu sein.

Hier findet ihr Informationen zu den jeweiligen Events:
Mammutmarsch: *https://mammutmarsch.de/*
Megamarsch: *www.megamarsch.de/*

Hinweis: Das Mindestalter beim Mammutmarsch liegt bei 16 Jahren, beim Megamarsch bei 18 Jahren. Diese Idee richtet sich also eher an Teenager und Teenagerinnen (oder noch ältere Kinder) und ihre Eltern.

Alternativ: Unabhängig von den organisierten Veranstaltungen könnt ihr aber auch auf eigene Faust eine längere Strecke wandern. Wie wäre es zum Beispiel, wenn ihr – je nach Entfernung – die Strecke zu den Großeltern mal zu Fuß statt mit dem Auto zurücklegt? Vielleicht verläuft in der Nähe eures Wohnortes ja auch ein Wandersteig und ihr nehmt euch vor, eine oder gleich mehrere Etappen zu wandern.

78. Segeln (lernen) €€€

Willkommen an Bord: Segeln ist eine erstklassige Aktivität für die ganze Familie. Die einen möchten entspannen, die anderen tatkräftig mit anpacken – beides ist möglich. In speziell für Familien konzipierten Kursen lernt ihr, das Boot sicher durch die Fluten zu manövrieren. Ihr möchtet See- oder Meeresluft schnuppern, aber dafür einen Segelschein zu machen, wäre dann doch etwas zu viel des Guten? Dies ist kein Hindernis! Ein Skipper oder eine Skipperin sorgt für eure Sicherheit und zeigt euch gleichzeitig erste Handgriffe. Wenn euch der kleine Segeltörn gefallen hat, spricht nichts dagegen, sogar mal einen Familienurlaub auf einer Segeljacht zu machen. Stand-up-Paddling, Ankern in abgelegenen Buchten und kleine Küstendörfer runden das Programm ab.

79. (Kinder-)Yoga probieren €€

Die gesundheitlichen Vorteile von Yoga aufzuzählen, würde den Rahmen dieses Buches sprengen. Aber lasst euch gesagt sein: Yoga ist eine Wohltat für Körper und Geist – auch für Kinder. Gönnt euch eine Auszeit vom Alltagsstress und praktiziert gemeinsam den herabschauenden Hund, Schmetterling, Katze und Kuh. Grundsätzlich können schon die Kleinsten – mit einer spielerischen Herangehensweise – Yoga machen. Zum Beispiel mithilfe von Yogakarten, Yogageschichten oder einem Yogakurs für Kinder.

80. Mit einer Draisine fahren €€

Draisinen sind so alt wie die Eisenbahn selbst. Die mit Muskelkraft betriebenen Laufräder bringen es auf bis zu 30 km/h – und das auch noch CO_2-neutral. Früher für Wartungsarbeiten auf der Strecke genutzt, kann man auf vielen stillgelegten Bahnstrecken mittlerweile Draisinenfahrten buchen. Strampeln müsst ihr natürlich selbst (einige Gefährte besitzen auch einen Hilfsmotor). Dafür bekommt ihr aber bei eurem Familienausflug mit dem außergewöhnlichen Gefährt – beispielsweise bei der 28 Kilometer langen Strecke zwischen Britz über Templin nach Fürstenberg (nördlich von Berlin) – so einiges zu sehen.

81. Bei einem Linedance mitmachen €€

Kennt ihr die Linedance-Szene aus dem Film «Footlose» (2011)? Nein? Dann schaut unbedingt rein! Linedance kommt ursprünglich aus den USA und ist eine Tanzform, bei der die Tänzer und Tänzerinnen in Reihen und Linien neben- und voreinander zu Pop- oder Country-musik tanzen. Klingt nach einem spaßigen Nachmittag, und vielleicht wird Linedance ja zu eurem gemeinsamen Hobby?

82. Ein Fußballspiel im Stadion schauen €€€

Egal ob WM, EM oder ein klassisches Bundesligaspiel – die Atmosphäre im Stadion ist eine ganz andere als vor dem heimischen Fernseher. Die Lieblingsmannschaft live sehen und mit Tausenden anderen Fans mitfiebern – ein unvergessliches Erlebnis. Lautes Gegröle und Gedränge müssen übrigens nicht sein. Rauchfreie Familienblöcke sind bei Bundesligaspielen mittlerweile die Regel. Hier geht es deutlich ruhiger zu.

83. Ein Eishockeyspiel besuchen €€-€€€

Egal ob Eisbären Berlin, Kölner Haie oder Augsburger Panther – gemeinsam haben Eishockeymannschaften nicht nur die Tiernamen als Namensbestandteile, sondern auch eine eingeschworene Fanbase, die für Stimmung sorgt. Eine Atmosphäre, die man einfach miterlebt haben muss.

84. Federfußball spielen €

Federfußball wirkt auf den ersten Blick wie eine bunte Mischung aus Badminton, Volleyball und Fußball. Allerdings handelt es sich hierbei um ein eigenständiges Spiel mit fast 3000-jähriger Geschichte. Die aus dem asiatischen Raum stammende Sportart ist hierzulande allerdings noch wenig bekannt. Völlig zu Unrecht! Denn Federfußball ist ein tolles Freizeitspiel. Gespielt wird in Zweier- oder Dreier-Teams mit einem Ball aus Federn und einem Gummifuß. Um einen Punkt zu erzielen, müsst ihr versuchen, den Ball über ein Netz im gegnerischen Feld auf den Boden zu bekommen. Dazu dürft ihr nur eure Füße benutzen und euch, wie im Volleyball, nur zweimal den Ball zuspielen. Anfangs wird es eine ziemliche Herausforderung sein, den Ball zu treffen. Doch mit ein wenig Übung werdet ihr schnell den Dreh raushaben und zu wahren Ballkünstlern oder -künstlerinnen mutieren.

85. Einradfahren €€
Zugegeben: Einradfahren sieht schwierig aus, aber das wackelige Gefährt ist nicht nur den geübten Artisten und Artistinnen im Zirkus vorbehalten. Lernen kann es fast jeder, auch wenn es vermutlich einige Zeit dauert, bis ihr das Gleichgewicht halten könnt und euer Einrad im Griff habt. Dafür ist Einradfahren eine sehr vielseitige Sportart. Ob Rückwärtsfahren, Jonglieren, Einradhockey oder Pirouetten – einmal gelernt, werdet ihr an eurem Einrad viel Freude haben.

86. Indoorvolleyball mit einem Luftballon spielen €
Einfacher geht es nicht: Spannt eine Schnur durch den Raum, blast einen Luftballon auf und schon kann es losgehen. Noch lustiger wird es mit einem Wackelluftballon. Hierzu füllt ihr einen kleinen Luftballon mit (wenig) Wasser und stopft diesen dann in einen großen Luftballon, der aufgeblasen wird.

87. Einen Selbstverteidigungskurs besuchen €€-€€€
Leider kommt es im Alltag immer wieder vor, dass Kinder gefährlichen Situationen ausgesetzt sind. Angefangen bei Mobbing in der Schule bis hin zu ernsthaften Übergriffen. Ein Selbstverteidigungskurs speziell für Kinder kann helfen, solche Situationen zu vermeiden oder wenigstens zu entschärfen. Dabei geht es weniger darum, sich körperlich zur Wehr zu setzen, sondern vielmehr darum, Gefahrensituationen zu erkennen sowie das Selbstwertgefühl der jungen Teilnehmer und Teilnehmerinnen zu stärken und so selbstbewusster auftreten und Nein sagen zu können. Solch ein Kurs stärkt nicht nur das Selbstbewusstsein der Kids, sondern lässt auch Eltern ruhiger schlafen.

88. Bogenschießen €€
Ob Robin Hood, Winnetou oder Katniss Everdeen «in die Tribute von Panem:» Wer elegant mit Pfeil und Bogen schießen kann, macht ziemlich Eindruck. Aber um ein Ziel zu treffen, ist primär eines gefragt: die nötige Ruhe. Gar

nicht so einfach. Vor allem, da in unserer schnelllebigen Welt immer alles sofort funktionieren muss. Somit ist Bogenschießen perfekt, um mal wieder einen Gang runterzufahren. Aber Achtung: Der verantwortungsvolle Umgang mit dem Bogen will gelernt sein. Schließlich wollt ihr nicht selbst zur Zielscheibe werden.

89. Boßeln €
Boßeln ist eine traditionell norddeutsche Sportart, aber auch für Landratten leicht zu erlernen und zu spielen. Denn die Boßelregeln sind einfach erklärt und erinnern den ein oder anderen an Sportarten wie Bowling, Kegeln oder Boccia. Allerdings gibt es beim Boßeln diverse Varianten. Im Kern geht es aber darum, eine Kugel, die Boßelkugel, mit möglichst wenigen Würfen über eine vorgegebene Strecke zu befördern. Gespielt wird in zwei Teams. Es wirft immer die hinten liegende Mannschaft.

90. Eine Skihalle besuchen €€€
Skifahren geht nur im Winter? Muss nicht sein! Hierfür müsst ihr auch nicht extra auf die Südhalbkugel reisen, sondern einfach eine Skihalle ansteuern. Bei Minusgraden, Sesselliften und Skikursen könnte man glatt meinen, in den Bergen zu sein. Wenn das muntere Pistentreiben auf Skiern euch zu viel ist, könnt ihr auch mit Schlitten, Tubingreifen und Co. die Piste heruntersausen.

91. Stelzenlaufen lernen €€
Lasst euch versichern: Stelzenlaufen ist viel einfacher, als ihr im ersten Moment glauben mögt. Üben müsst ihr natürlich trotzdem. Aber die neu gewonnene Perspektive lohnt sich. Besonders für Kinder. Denn auf einmal sind sie die Großen und die Erwachsenen schauen zu ihnen auf. Kinder haben noch einen weiteren großen Vorteil: Sie machen sich viel weniger Gedanken darüber, zu fallen, und stolzieren den Erwachsenen schon bald davon.

92. Gemeinsam einen Sportkurs besuchen €€-€€€
Sport hat viele positive Einflüsse – und das nicht nur für Erwachsene. Soziale Kompetenz, gestärktes Selbstbewusstsein und Teamgeist sind nur einige der Kompetenzen, die Bewegung mit sich bringt. Die Basis hierfür wird schon früh gelegt. Besucht doch mal gemeinsam einen Kurs. Denn* früh übt sich ... Die Palette ist groß: Von Baby-Yoga, Babyschwimmen bis hin zum Eltern-Kind-Turnen ist sicher auch für euch das Richtige dabei. Mit größeren Kindern könnt ihr auch gemeinsam in Kurse wie Zumba, Bogenschießen, Yoga oder Kampfsport reinschnuppern.

93. Eine Wanderung auf Schneeschuhen unternehmen €€

Winterurlaub in den Bergen verbinden die meisten mit rasantem Rodelspaß und abenteuerlichen Abfahrten auf der Skipiste. Viel von der Schönheit der Winterlandschaft bekommt ihr so allerdings nicht mit. Wenn ihr Lust habt, die weiß gezuckerte Landschaft in Ruhe im Entenmarsch zu erkunden, ist eine Wanderung auf Schneeschuhen genau das Richtige für euch. Schneeschuhe sind großflächige Schuhe, die euer Gewicht optimal über eine größere Fläche verteilen. Dank ihnen könnt ihr auch im Tiefschnee wandern, ohne zu viel Kraft zu verlieren und hoffnungslos zu versinken. Um eine Wanderung auf Schneeschuhen zu unternehmen, braucht ihr nicht unbedingt einen Kurs. Mit ein wenig Ausprobieren werdet ihr den Dreh schnell raushaben. Ein (für Kinder geeigneter) Kurs hat allerdings den Vorteil, dass ihr euch Schneeschuhe leihen könnt und wichtige Sicherheitshinweise (die Lawinengefahr solltet ihr nicht unterschätzen) bekommt.

94. An einem 5-Kilometer-Lauf teilnehmen €€

Stellt euch der Herausforderung und nehmt gemeinsam an einem 5-Kilometer-Lauf teil (oder 2 Kilometer, 10 Kilometer – ganz egal). Hierbei geht es nicht darum, zu gewinnen oder eine neue Rekordzeit zu laufen. Sondern darum, euer Bestes zu geben und das Ziel zu erreichen. Statt eines klassischen wettkampforientierten Laufs gibt es auch zahlreiche Just-for-fun-Events. Zum Beispiel Color Runs, bei denen ihr Hindernisse überwinden müsst und euch mit Farbbeuteln beschmeißt. Oder aber ihr sucht euch einen Lauf, der eine gemeinnützige Sache unterstützt.

95. Wasserski fahren €€€

Wasserski ist an heißen Sommertagen die ideale Kombination aus Abkühlung und sportlicher Betätigung. Ganz so einfach ist es dann allerdings doch nicht: Ihr werdet euch gerade am Anfang vermutlich nur kurz auf den Brettern halten können. Erfahrungsgemäß haben die Kleinsten (je nach Anbieter frühestens ab sechs Jahren) sogar schneller den Dreh raus als ihre Eltern. Aber darum geht es auch gar nicht. Verbringt gemeinsam einen lustigen Nachmittag und dreht ein paar lustige Erinnerungsvideos für die Nachwelt.

96. Einen Trampolinpark besuchen €€

Man muss kein Kind sein, um in einem Trampolinpark auf seine Kosten zu kommen. Parcours, Dodgeball-Felder, Völkerball und Co. sorgen dafür, dass euch garantiert nicht langweilig wird. Vielmehr werdet ihr schnell merken: Das Springen erfordert ganz schön Kondition und sorgt im Handumdrehen für müde Beinmuskeln.

GEMEINSAM GUTES TUN

Ihr könnt die Welt nicht retten, aber im Kleinen doch so einiges bewirken. Es muss nicht immer eine große Spende oder ein zeitintensives ehrenamtliches Engagement sein. Bereits kleine Schritte führen zu einer Veränderung in eurem direkten Umfeld. Unterstützt gemeinsam eine Sache, die euch am Herzen liegt. Gemeinsam Gutes zu tun, gibt Kindern Werte mit auf den Weg, die sie in ihrem weiteren Leben begleiten werden.

97. Einen verdreckten Ort aufräumen €

Zerrissene Plastiktüten, Zigarettenstummel, achtlos weggeworfenes Bonbonpapier – leider müssen wir gar nicht lange suchen, bis wir auf derartige Hinterlassenschaften treffen. Der Müll sieht nicht nur unschön aus, sondern schadet auch der Umwelt. Tiere verwechseln ihn mit Nahrung und können daran sterben. Vielleicht kennt ihr auch einen vermüllten Ort, für den sich keiner verantwortlich fühlt? Wie wäre es, wenn ihr die Initiative ergreift und aufräumt? Alles, was ihr hierfür benötigt, sind Greifzangen, Handschuhe und Müllbeutel. Und dann kann es auch schon losgehen. Wenn ihr Lust habt, könnt ihr daraus sogar einen Wettbewerb machen: Wer hat am Ende den meisten Müll in seinem Beutel?

Tipp: Schaut nach dem Hashtag #trashtag. Hier findet ihr beeindruckende Vorher-nachher-Bilder von ehemals vermüllten Orten.

98. Gemeinsam ehrenamtlich tätig werden €

Hinter einem ehrenamtlichen Engagement steckt immer eine Sache, die einem wichtig ist. Sei es Tierschutz, ein Sportverein oder die Integration von Asylsuchenden. Die Möglichkeiten, sich freiwillig zu engagieren, sind vielseitig. Bei einem gemeinsamen Ehrenamt verbringt ihr als Familie nicht nur viel Zeit gemeinsam, sondern tretet für eine Sache ein, die euch verbindet. Die meisten Projekte richten sich allerdings an Erwachsene. Hier schadet es nicht, bei eurer favorisierten Organisation anzufragen, wie ihr euch als Familie einbringen könnt. Einige der unten vorgestellten Stellen haben auch Kinder- und Jugendgruppen, die sich explizit an jüngere Ehrenamtler und Ehrenamtlerinnen richten.

Mögliche Anlaufstellen für ein Ehrenamt:
- Aktivpaten
- Arbeiterwohlfahrtorganisation (AWO)
- Die Johanniter
- Malteser
- Pfadfinder
- Christlicher Verein Junger Menschen (CVJM)
- Bundesverband Deutsche Tafel e. V.
- Deutsches Rotes Kreuz (DRK)
- Technisches Hilfswerk (THW)
- Bund für Umwelt und Naturschutz Deutschland (BUND)
- Greenpeace
- Naturschutzbund Deutschland (NABU)
- Diakonie
- Caritas
- Spielplatzpatenschaften
- Tierheime und Tierparks
- Bahnhofsmission

99. Einen Baum pflanzen €

Auch wenn es euch noch so unbedeutend erscheint: Jeder Baum hilft beim Klima- und Naturschutz. Denn Bäume verwandeln Kohlendioxid in Sauerstoff und wirken somit dem Treibhauseffekt entgegen. Außerdem sind Bäume ein wichtiger Lebensraum für Tiere. Für Kinder ist es spannend, zu beobachten, wie der Baum mit ihnen wächst und sich im Laufe der Jahreszeiten verändert. Was zu Beginn noch ein zartes Bäumchen ist, wächst über die Jahre zu einem stattlichen Baum. Und wer weiß: Vielleicht werdet ihr euren Baum irgendwann einmal mit der nächsten Generation besuchen.

Tipp: Ohne eigenes Grundstück einen Baum zu pflanzen, ist gar nicht so einfach. Schließlich könnt ihr nicht einfach ein Loch im Stadtpark ausheben. Haltet in dem Fall am besten Ausschau nach lokalen Baumpflanzaktionen – oder initiiert selbst eine. Bei Organisationen wie «Planet Tree», «Treedom» oder «Grow my Tree» könnt ihr zudem weltweit die Baumpatenschaft übernehmen.

100. Random act of kindness €

Die Welt wäre ein so viel besserer Ort, wenn wir alle ein wenig netter zueinander wären. Ihr könnt jetzt entweder nur zustimmend nicken oder direkt mit gutem Beispiel vorangehen. Ein «random act of kindness» (übersetzt: «ein zufälliger Akt der Freundlichkeit») beschreibt eine gute Tat, die sich an keine bestimmte Person richtet. Ihr macht also einem Wildfremden eine Freude. Ohne jegliche Gegenleistung und oftmals auch, ohne als Wohltäter in Erscheinung zu treten. Ziel der Bewegung ist es, Freundlichkeit zur Norm werden zu lassen. Eine Initiative, die man doch gerne unterstützt.

Ein paar Ideen zur Inspiration:
- Einen Kuchen für die Nachbarn backen
- Eine Münze im Karussell stecken lassen
- Dem nächsten Kunden die Tür aufhalten (das ist leider nicht selbstverständlich)
- Einer fremden Person ein Kompliment machen
- In einem Buch in der Bücherei ein selbst gemachtes Lesezeichen hinterlassen
- Einen Obdachlosen auf eine warme Mahlzeit einladen
- Weitere Ideen findet ihr auf der (englischsprachigen) Webseite *www.randomactsofkindness.org*.

101. Für vier Wochen vegetarisch (oder vegan) leben €

Ihr habt schon länger überlegt, aus Gründen der Nachhaltigkeit, Gesundheit oder des Tierleids kein Fleisch mehr zu essen? Aber die Vorstellung, für den Rest eures Lebens auf ein saftiges Steak, Grillwürstchen oder Spaghetti bolognese zu verzichten, klingt auch nicht wirklich verlockend? Dann geht nicht direkt aufs Ganze und nehmt euch lediglich einen fleischfreien Zeitraum vor (z. B. vier Wochen oder was ihr glaubt, durchhalten zu können), in dem ihr euch durch die Welt der vegetarischen Gerichte und Fleischersatzprodukte testet. Nach Ablauf des Zeitraums könnt ihr immer noch schauen, wie es euch damit geht. Vielleicht reduziert ihr euren Fleischkonsum danach sogar, steigt auf Bioprodukte um oder merkt, dass ein Verzicht gar nicht so schwer ist.

102. Einen bienenfreundlichen Garten anlegen €€

Bienen haben es schwer. Sie finden kaum mehr Plätze zum Nisten und immer weniger Futter. Vor allem in dicht besiedelten Großstädten sind Grünflächen mit nektarreichen Pflanzen rar. Dabei sind Bienen für uns Menschen wichtig. Wusstet ihr, dass unsere Supermarktregale ziemlich leer wären, wenn es keine Bienen mehr gäbe? Und das nicht nur, weil sie leckeren Honig produzieren. Erdbeeren, Kirschen, Äpfel, Johannisbeeren, Birnen, Pfirsiche – all diese Pflanzen würden einen deutlich geringeren Ertrag abwerfen, wenn es keine Bienen zum Bestäuben gäbe.

Zeit zu handeln! Als Familie könnt ihr einen Beitrag leisten, um den Bienen zu helfen. So könnt ihr etwa ein Wildblumenbeet anlegen und ein (selbst gebautes) Bienenhotel in eurem Garten oder auf eurem Balkon aufstellen. Euer Garten wird so zum Schlaraffenland für Bienen und allerhand weitere Insekten – ideal für kleine Naturforscher und -forscherinnen. Auch wenn euer Beitrag euch vermeintlich gering erscheint, ist er ein Schritt in die richtige Richtung. Vielleicht könnt ihr ja eure Nachbarn inspirieren, es euch gleichzutun.

103. Einen Erste-Hilfe-Kurs besuchen €€

Ein aufgeschlagenes Knie, die Hand verbrüht oder ein fieser Wespenstich – zu wissen, was bei Verletzungen zu tun ist, kann Linderung verschaffen und im Ernstfall sogar Leben retten. Erste-Hilfe-Kurse gibt es nicht nur mit dem Schwerpunkt «Verletzungen am Kind», sondern auch für Kinder. Denn bereits Kinder im Kindergartenalter können – altersgerecht – die Grundlagen der Ersten Hilfe lernen und anwenden. Den Erwachsenen kann es ebenfalls nicht schaden, ihr Wissen aufzufrischen. Solch ein Kurs hat noch einen weiteren Vorteil: Wer sich mit Erste-Hilfe-Maßnahmen beschäftigt, wird auch viel eher für Gefahren sensibilisiert.

104. Alte Spielsachen und Kleidung auf dem Flohmarkt verkaufen €

Kennt ihr das auch? Ein Spielzeug, das im letzten Jahr noch eifrig bespielt wurde, ist völlig uninteressant geworden und euer Keller mutiert langsam zum Lagerraum? Dann wird es Zeit, auszumisten und Gutes zu tun! Viele Hilfsorganisationen nehmen gut erhaltene Kleidung und Spielsachen gerne an. Das Spielzeug, mit dem ihr schöne Stunden verbracht habt, macht nun anderen Familien Freude.

Eine andere Option sind (Kinder-)Flohmärkte. Gerade bei Kinderkleidung kann es nämlich sein, dass die Kleidungsstücke fast noch neuwertig sind. Ein Stand auf dem Flohmarkt kann euch den einen oder anderen Euro für eure Familienkasse bringen und somit eventuell die Erfüllung eines Punktes auf der Bucketlist ermöglichen.

Der Verkauf nicht mehr gebrauchter Dinge auf dem Flohmarkt ist zudem eine wertvolle Lektion in Sachen Nachhaltigkeit und Wirtschaften. Zu guter Letzt kann so ein Flohmarkttag mit der ganzen Familie auch eine große Menge Spaß machen.

105. Einem lieben Menschen einen Herzenswunsch erfüllen €-€€€

Das Strahlen in den Augen eines Menschen zu sehen, wenn ein Herzenswunsch in Erfüllung geht, ist fast noch schöner, als einen eigenen Wunsch erfüllt zu bekommen. Vielleicht redet eure alte Nachbarin davon, dass sie noch einmal das Meer sehen möchte, oder die Tochter eurer gemeinsamen Freundin würde so gerne Reitstunden nehmen, was finanziell für ihre Mutter leider nicht machbar ist. Wenn euch aktuell niemand in eurem Bekanntenkreis einfällt, könnt ihr auch einem wildfremden Menschen einen Wunsch erfüllen und Wunschpate oder -patin werden. Schaut doch mal auf *www.wunschpate.de* vorbei.

Alternativ findet ihr in vielen Kaufhäusern in der Weihnachtszeit Bäume mit Wunschzetteln von Kindern aus Familien, deren finanzielle Mittel knapp sind. Das Prinzip ist einfach: Nehmt euch einen Wunsch vom Baum, kauft das Geschenk, verpackt es liebevoll und gebt es an der Kasse ab.

106. Eine Baumpatenschaft übernehmen €

35 Grad und seit Wochen kein Regen in Sicht – die Sommer werden immer heißer. Unter der Hitze und Trockenheit leiden neben uns Menschen die Bäume in den Städten. Besonders Jungbäume, die noch keine so tiefen Wurzeln entwickeln konnten, haben es schwer. In vielen Städten sind die städtischen Gärtner sehr bemüht darum, die Bäume mit Wasser zu versorgen, doch vielerorts kommen sie kaum hinterher. Deswegen werden dringend Baumpaten gesucht. Wäre das nicht etwas für euch? Bei einer Baumpatenschaft besteht euer Job darin, «euren» Baum in Trockenperioden zu gießen, Müll zu entfernen und eventuelle Schäden dem Gartenamt zu melden. Gar nicht mal so aufwendig, oder? Einen passenden Job als Baumpate oder -patin findet ihr in der Regel auf der Webseite eurer Stadt.

107. Naturkosmetik selbst machen €

Die Auswahl in den Drogeriemärkten ist so groß, dass es manchmal schwerfällt, sich für ein Produkt zu entscheiden. Hinzu kommt: eine große Menge Verpackungsmüll und möglicherweise bedenkliche Inhaltsstoffe. Dabei ist es gar nicht so kompliziert, (Natur-)Kosmetik, vom Deo bis zum Duschgel, selbst herzustellen. Denn um natürliche Pflegeprodukte herzustellen, benötigt ihr oft gar nicht so viel. Viele Zutaten wie Gänseblümchen, Löwenzahn oder Tannenzapfen könnt ihr bei eurem nächsten Spaziergang sammeln, einiges werdet ihr bereits zu Hause haben. Die Vorteile eurer DIY-Kosmetik liegen auf der Hand: Ihr spart Geld, wisst, was drin ist, und habt ganz nebenbei viel Spaß!

Beispiel: Pflegebalsam für spröde Lippen

Zutaten:
- 10 ml Kokosöl
- 10 g Sheabutter
- 10 g Bienenwachs
- 1 Tropfen (hochwertiges) ätherisches Öl
  (z. B. Rose, Orange, Ylang-Ylang oder Lavendel)

So funktioniert's:
Das Kokosöl, die Sheabutter und das Bienenwachs in einen Topf geben und langsam erwärmen, bis alle Zutaten geschmolzen sind. Alles gut verrühren. Anschließend etwas abkühlen lassen und ein Tropfen ätherisches Öl hinzugeben. Noch mal umrühren und die Masse in einen Döschen umfüllen. Fertig ist euer Lippenbalsam.

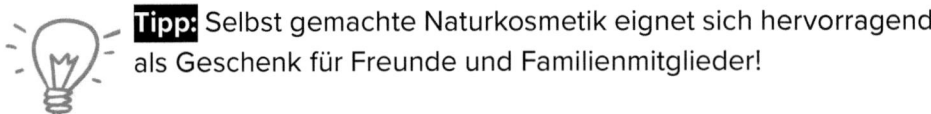

Tipp: Selbst gemachte Naturkosmetik eignet sich hervorragend als Geschenk für Freunde und Familienmitglieder!

108. Plastikfrei-Familien-Challenge €

Ein Coffee-to-go, das Plastiktütchen am Gemüseregal, Einweggeschirr für die Party und die Einwegflasche für unterwegs – Plastik zu verwenden, ist bequem. Außerdem ist es günstig zu produzieren, haltbar und variabel einsetzbar. Kein Wunder also, dass Plastik in nahezu allen Lebensbereichen vorkommt. Das Problem hierbei ist, dass die meisten Plastikprodukte Einwegprodukte mit einer sehr kurzen Lebensdauer sind. Doch leider verschwindet das Plastik hierdurch nicht. Plastik ist chemisch sehr stabil und zersetzt sich entweder gar nicht oder nur über einen sehr langen Zeitraum von mehreren Jahrhunderten. Da nur etwa neun Prozent des weltweiten Plastiks recycelt werden, landen Millionen Tonnen von Plastik in den Weltmeeren oder werden mit einem hohen Energieaufwand auf Mülldeponien verbrannt. Es wird Zeit, dieser Tatsache entgegenzuwirken. Auch wenn ihr als Familie nicht die ganze Welt retten könnt, könnt ihr, durch bewussteren Konsum, doch so einige Kilogramm Plastik pro Jahr einsparen. Sammelt doch mal eine Woche lang euren gesamten Plastikmüll in einem Beutel, um ein Gefühl dafür zu bekommen, wie viel Plastik ihr verbraucht. Überlegt dann, welche Plastikprodukte ihr einsparen oder durch Alternativen ersetzen könnt. So kann Plastikvermeiden zur gemeinsamen Familien-Challenge werden.

Plastikfrei-Ideen für Familien:

- Seife statt Duschgel
- Glasflaschen statt Plastikflaschen
- Mit einem Baumwollbeutel einkaufen gehen
- Unverpacktes Obst und Gemüse kaufen
- Auf dem Wochenmarkt oder im Unverpacktladen einkaufen
- Zahnbürsten aus Bambus
- Secondhand-Spielzeug
- Eis in der Waffel statt im Becher bestellen
- Auf Strohhalme verzichten oder Alternativen aus Papier oder Edelstahl nutzen

Was ihr letztlich umsetzen könnt, hängt von eurer Lebenssituation ab. Die wenigsten Familien werden es schaffen, komplett plastikfrei zu leben. Aber auch wenn ihr nur ein paar Kleinigkeiten ändert, tut ihr der Umwelt einen großen Gefallen.

109. Auf dem Wochenmarkt einkaufen €-€€

Es geht doch nichts über frisch gepflückte Äpfel und süße Erdbeeren vom Bauern nebenan oder über aromatischen Honig, der nicht erst um die halbe Welt geflogen ist. Regionale Lebensmittel schmecken definitiv um einiges besser als ihr Pendant aus dem Supermarkt. Kein Wunder: Immerhin sind die Transportwege und die Zeit zwischen Ernte und Verkauf kurz. Oft sind die Lebensmittel sogar in Bioqualität. Gerade für Kinder gibt es auf dem Wochenmarkt viel Neues zu entdecken. Kennt ihr etwa lilafarbene oder gelbe

Karotten? Manche Standbesitzer und -besitzerinnen sind von so viel Neugierde begeistert und lassen euch gerne mal probieren. Ein Marktbesuch ist also nicht nur spannend, sondern auch noch überaus lehrreich. Bepackt mit jeder Menge Köstlichkeiten könnt ihr schon auf dem Heimweg überlegen, welche Gerichte ihr mit euren Einkäufen gemeinsam kochen werdet.

Übrigens sind die Wochenmärkte sehr zentral gelegen, sodass sich die Einkäufe prima zu Fuß oder mit dem Fahrrad erledigen lassen. So habt ihr gleichzeitig noch etwas Bewegung an der frischen Luft.

110. Einen Gastschüler oder eine Gastschülerin aufnehmen €€€

Schüler und Schülerinnen aus Kanada, Brasilien, den USA, Costa Rica, Irland oder Australien und vielen anderen Ländern der Welt nehmen jährlich an Schüleraustauschprogrammen teil. Sie verbringen ein halbes oder sogar ein ganzes Schuljahr in Deutschland und wohnen währenddessen in einer Gastfamilie. Ein großes Problem: Häufig gibt es mehr interessierte Schüler und Schülerinnen als Gastfamilien. Wenn ihr genug Platz habt, Kost und Logis für eine weitere Person übernehmen könnt sowie offen gegenüber einer bislang fremden Kultur seid, erfüllt ihr die Voraussetzungen. Mit eurem Engagement ermöglicht ihr einem oder einer Jugendlichen eine unvergessliche Erfahrung. Aber auch ihr als Familie profitiert von dem kulturellen Austausch auf vielfältige Weise:

- Zu eurem Gastschüler oder zur Gastschülerin entsteht oft eine lebenslange Freundschaft. Nicht wenige von ihnen kommen nach Jahren wieder zu Besuch oder laden ihre Gastfamilie in die Heimat ein.
- Plant ein Familienmitglied von euch ebenfalls ein Auslandsjahr? Dann kann euer Gast eine Einschätzung geben, welche Herausforderungen euch erwarten.
- Gastschüler und Gastschülerinnen bringen euch nicht nur ihre eigene Kultur näher, sondern lassen euch auch eure Kultur durch eine andere Brille sehen.
- Mit einem Familienmitglied auf Zeit kommt frischer Wind in euer Familienleben. Schließlich wollt ihr eurem Gastkind die schönsten Ecken eurer Umgebung zeigen.

111. Ein Patenkind unterstützen €€

In vielen Ländern der Welt haben es Kinder nicht gerade leicht: Hunger, schlechte Bildungschancen und miserable Hygienezustände gehören leider vielerorts zum Alltag. Mit einer Patenschaft könnt ihr einem Kind den Start in eine bessere Zukunft ermöglichen, und das mit einem – für deutsche Verhältnisse – geringen Betrag. Mit eurem monatlichen Beitrag kann das Schulgeld gezahlt werden, Kleidung, Essen und medizinische Versorgung. Einige Organisationen versenden an ihre Paten regelmäßig Fotos sowie Fortschrittsberichte. Ebenso habt ihr die Möglichkeit, eurem Patenkind Briefe zu schreiben oder kleine Geschenke zu senden. So wird die Patenschaft für euch nicht nur greifbarer, sondern ihr könnt eine persönliche Bindung zum Patenkind aufbauen.

NOSTALGIE & ERINNERUNGEN

Die Lieblingslieder von einst zu hören oder die TV-Serien der Kindheit anzusehen, ist für Eltern pure Nostalgie. Für Kinder ist die sentimentale Rückschau ihrer Eltern ebenfalls spannend. Immerhin ist es gar nicht so einfach, sich vorzustellen, dass die eigenen Eltern auch mal in Kinderschuhen steckten. Neben Ideen, mit den Sprösslingen eine Zeitreise in Mamas und Papas Kindheit zu machen, findet ihr in diesem Abschnitt Vorschläge, die Geschichte eurer Familie zu entdecken und festzuhalten.

112. Ein Familien-Fotoshooting machen €€€

Ein Schnappschuss ist schnell gemacht. Dank Smartphones ist beinahe jeder Tag unseres Lebens gut dokumentiert. Warum also extra zum Fotografen? Hier sind drei gute Gründe für ein professionelles Fotoshooting:

1. Ein Fotograf oder eine Fotografin hat Profi-Equipment und weiß euch so richtig in Szene zu setzen.
2. Mit dem richtigen Fotografen oder der richtigen Fotografin habt ihr viel Spaß, vor der Kamera zu posieren.
3. Als Ergebnis erhaltet ihr fachkundige Fotodrucke, die an eurer Wohnzimmerwand und als Geschenk einiges hermachen.

 **Tipp:** Ihr habt keine Lust auf schnöde Fotos im Fotostudio, sondern wollt eure Familie so ablichten, wie sie wirklich ist: chaotisch, verrückt und für jeden Spaß zu haben? Kurzum: ungestellt und ohne steifes Posing? Die Fotos sollen euer Leben als Familie zeigen? Dann bucht ein Outdoor-Shooting oder wählt einen Fotografen oder eine Fotografin, die bereit sind, ein von euch gewähltes Motto umzusetzen, oder sogar zu euch nach Hause kommen, um euren Alltag festzuhalten.

113. Ein Familien-Liebesschloss anbringen €

Ein Liebesschloss mit persönlicher Gravur steht symbolisch für ewige Liebe und Verbundenheit. Mit dieser Symbolik sind Liebesschlösser besonders bei Paaren beliebt. Aber auch als Familie könnt ihr mit einem individuell gravierten Familien-Liebesschloss eure Zusammengehörigkeit und besondere Bindung zueinander ausdrücken. Aber bitte habt im Hinterkopf: Das

Anbringen von Liebesschlössern ist für euch ein tolles Andenken, für viele Städte aber ein Ärgernis. Die Menge an Schlössern kann an Brücken zu Korrosion und Rostschäden führen. Immerhin kommt bei mehreren Tausend Liebesschlössern so einiges an Gewicht zusammen. Daher ist in einigen Städten das Anbringen von Schlössern auch verboten. Seid daher so fair und schließt sie nicht an Orten an, an denen es verboten ist. Das Anbringen an denkmalgeschützten Bauwerken solltet ihr (auch ohne explizites Verbot) ebenfalls noch mal überdenken. Vielleicht habt ihr einen besonderen Ort, an dem nicht schon Hunderte Schlösser hängen, der aber für euch eine besondere Bedeutung hat.

114. Einen Familienstammbaum zeichnen €

Kinder sind von Natur aus neugierig. Auch was die eigene Abstammung angeht. Ein Familienstammbaum ist eine wunderbare Möglichkeit, Kindern Verwandtschaftsbeziehungen verständlich zu machen und ihr Interesse für die eigenen Wurzeln zu wecken. In einen Stammbaum gehören je nach Komplexität Name, Geburts- und Sterbedatum sowie der Geburtsort. Besonders anschaulich machen Fotos den Stammbaum. Wenn ihr ab einem gewissen Punkt nicht mehr weiterkommt, fragt den Rest der Familie. Mitunter erfahrt ihr so spannende Geschichten über eure Vorfahren und könnt diese mit Zeichnungen in euren Stammbaum integrieren.

115. Ahnenforschung betreiben €€

Habt ihr erst mal euren Stammbaum gezeichnet, ist vielleicht das Interesse geweckt, tiefer in die Geschichte eurer Vorfahren einzutauchen. Eventuell deckt euer Stammbaum ja auch auf, dass es im Jahr 1880 eine Schwester eurer Ur-Urgroßmutter gab, die nach Australien ausgewandert ist. Was wohl aus diesem Familienzweig geworden ist? Gibt es lebende Verwandte in Down Under? Oder aber ihr möchtet herausfinden, wer die Personen auf den alten Familienfotos sind.

Um Ahnenforschung zu betreiben, habt ihr mehrere Ansatzpunkte:

DNA-Test für Zuhause
Einen DNA-Test könnt ihr euch online bei Anbietern wie «myheritage» und «ancestry» bequem nach Hause bestellen. Nach wenigen Tagen erhaltet ihr ein Testkit und könnt eigenhändig eine DNA-Probe entnehmen. Hierzu streicht ihr mit einem Wattestäbchen über die Innenseite eurer Wangen und sendet die Probe in dem beigefügten Umschlag zurück. Dann heißt es

warten. Nach einigen Wochen erhaltet ihr eine E-Mail mit den Ergebnissen. Neben einer Aufstellung darüber, zu wie viel Prozent eure DNA beispielsweise aus Skandinavien, England oder Nordafrika stammt, könnt ihr in der Datenbank des Anbieters nach entfernten Verwandten suchen.

Datenbanken
Aber auch ohne DNA-Tests (die im Übrigen aus Datenschutzgründen nicht ganz unbedenklich sind) könnt ihr auf den genannten Plattformen je nach Tarif auf alte Taufregister, Zeitungen, Passagierlisten etc. zugreifen und der Geschichte eurer Familie Stück für Stück auf den Grund gehen. Falls eure Vorfahren in einem der beiden Weltkriege umgekommen sind, gibt es über den Volksbund Deutscher Kriegsgräberfürsorge auch die Möglichkeit, im Internet nach Gräbern zu suchen *(www.volksbund.de/graebersuche)*.

Dokumente durchforsten und auswerten
Durchwühlt gemeinsam alte Dokumente wie Urkunden, aufgehobene Zeitungsartikel oder die Familienbibel. Auch Dokumente, die im ersten Augenblick unwichtig erscheinen, können wertvolle Informationen enthalten.

116. Ein großes Familientreffen ausrichten €€€
Wie schön wäre es, mal wieder alle an einen Tisch zu bekommen. Und hiermit sind wirklich alle gemeint. Neben der engeren Familie also auch der erweiterte Kreis entfernter Verwandter, Paten und auch Freunde. Vielleicht habt ihr ja bei eurer Ahnenforschung (Ideen Nr. 115) Verwandte ausgemacht, die ihr unbedingt mal kennenlernen möchtet. Bei einem Familientreffen können sich Verwandte kennenlernen, neue Spielkameraden gefunden und Erinnerungen gepflegt werden. Achtet darauf, einen Standort zu wählen, der für alle erreichbar ist, und gestaltet das Programm so, dass alle Spaß daran haben. Wie wäre es z. B. mit einem Geschichtsquiz über eure Ahnen, einer Diashow mit alten Bildern oder einem großen Stammbaum, in den sich jeder eintragen kann?

117. Eine Zeitkapsel vergraben €
Bei dieser Idee geht es nicht darum, eine Zeitmaschine zu entwickeln. Vielmehr handelt es sich bei einer Zeitkapsel um einen Behälter zur Aufbewahrung von Gegenständen, der erst nach Ablauf eines langen Zeitraums wieder geöffnet wird. Die Idee dahinter ist, schöne Erinnerungen sowie den aktuellen Familienalltag in Form von Fotos, Briefen und kleinen Gegenständen festzuhalten, um diese zu einem späteren Zeitpunkt entweder selbst

Revue passieren oder von nachfolgenden Generationen öffnen zu lassen. Was ihr in die Zeitkapsel packen wollt, bleibt ganz euch überlassen. Einzige Bedingungen: Es passt in die Kapsel und darf nicht vergammeln (50 Jahre alte Kekse mag niemand). Geht doch einmal eure täglichen Aktivitäten durch. Welche Gegenstände nutzt ihr täglich? Was macht euren Alltag aus? Welche Dinge ihr in die Zeitkapsel packt, hängt auch davon ab, an wen sie sich richten soll. Möchtet ihr die Kapsel in einigen Jahren selbst öffnen? Soll die nächste Generation die Kapsel öffnen? Oder soll sie sogar erst in einigen Jahrhunderten geöffnet werden?

Ideen für eure Zeitkapsel:
- Ein USB-Stick/eine CD mit euren aktuellen Lieblingshits
- Ein aktuelles Foto von euch
- Zeichnungen oder Basteleien
- Eine aktuelle Ausgabe eurer Lokalzeitung (unbedingt in Plastikhüllen verpacken)
- Ein Stadtplan eures momentanen Wohnortes
- Euer ausrangiertes Smartphone
- Eure Ideen, wie euer Leben in xy Jahren aussehen könnte
- Eine Ü-Ei-Figur (vielleicht ist das Spielzeug später einmal etwas wert)
- Ein Kinderspielzeug
- Ein Brief, in dem ihr über die Trends eurer aktuellen Zeit berichtet oder euren Alltag schildert
- Aktuelle Preise: Was kostet ein Liter Milch, ein Haarschnitt oder ein Kinobesuch?

Je nachdem, wie lange eure Zeitkapsel geschlossen bleiben soll und ob ihr sie vergraben oder im Haus aufbewahren wollt, benötigt ihr einen geeigneten Behälter. Dies kann im einfachsten Fall ein Schuhkarton oder ein alter Koffer sein. Wenn ihr die Kapsel über mehrere Jahrzehnte draußen verstecken wollt, empfiehlt es sich, eine Zeitkapsel aus Edelstahl bei entsprechenden Anbietern zu bestellen.

Möchtet ihr eure Kapsel draußen verstecken, achtet darauf, dass ihr sie nicht an einer Stelle vergrabt, die unter Naturschutz steht oder in absehbarer Zeit bebaut werden könnte.

 **Tipp:** Plant ihr, die Kapsel gemeinsam in 10, 20 oder 30 Jahren zu öffnen, setzt euch am besten einen Reminder.

118. Orte aus Mamas und Papas Kindheit besuchen €-€€€

Auch wenn es so manches Kind kaum glauben mag: Mama und Papa (ja, sogar Oma und Opa) waren auch mal klein. Besucht doch mal die alte Schule, die ehemalige Nachbarschaft und den Wald, in dem ihr vor einigen Jahren noch Verstecken gespielt habt, und berichtet von all euren großen und kleinen Abenteuern. Gerade wenn ihr inzwischen umgezogen seid, kann ein Ausflug zurück in Mamas oder Papas Kindheitstage zum spannenden Erlebnis für alle Beteiligten werden.

119. Hand- und Fußabdrücke verewigen €

Nichts ist für die Ewigkeit, und schon gar nicht die winzig kleinen Handabdrücke eines Kindes. Wie schön, dass man diesen Moment mit einem Abdruck zumindest ein Stück weit für die Ewigkeit festhalten kann. Bleibt nur noch die Frage, ob ihr eure Abdrücke in Gips, Beton oder mit Fingerfarben verewigt.

120. Kinderspiele aus Mamas und Papas Kindheit spielen €

Wer kennt es noch? Damals, als Langeweile kein Thema war und wir stundenlang draußen gespielt haben. Heute hat längst der technische Fortschritt Einzug in die Kinderzimmer gehalten. Und auch Erwachsene verbringen viel Zeit vor dem Bildschirm. Kinderspiele-Klassiker aus Mamas und Papas Kindheit sind eine tolle Gelegenheit, zusammen Spaß zu haben. Klingelt doch mal bei den Nachbarskindern (oder Nachbarseltern) und fragt, ob sie nach draußen kommen.

Hier einige Anregungen und Erinnerungshilfen für Spiele, mit denen heutige Mütter und Väter oder auch Großeltern viel Spaß hatten:

- Blinde Kuh
- Gummitwist
- Murmeln
- Völkerball
- Hula-Hoop
- Hase und Jäger
- Sackhüpfen
- Topfschlagen
- Himmel und Hölle
- Flüsterpost
- Fischer, Fischer, wie tief ist das Wasser?
- Armer schwarzer Kater
- Der Plumpssack geht um
- Hänschen, piep einmal
- Kirschkernweitspucken
- Jo-Jo

121. Einen Tag mit der Polaroidkamera dokumentieren €€

Polaroidkameras haben in den letzten Jahren ein Revival erlebt, nachdem sie mit dem Aufkommen von Digitalkameras fast in der Versenkung verschwunden waren. Wie wäre es, euren verrückten Alltag einen Tag lang mit der Kamera festzuhalten? Ihr denkt, euer Alltag ist nicht der Rede wert? Und ob! In einigen Jahren oder Jahrzehnten sind diese Fotos Gold wert. Die Kids werden es lieben, statt eines flüchtigen Smartphone-Bildes ein echtes Foto im legendären weißen Rahmen in den Händen zu halten.

ENTDECKEN, LERNEN & EXPERIMENTIEREN

Kinder sind von Natur aus wahre Forscher. Angetrieben von einer unendlichen Neugier, entdecken sie permanent etwas Spannendes. Schließlich wollen sie die Welt um sich herum verstehen. Züge, von denen sich Erwachsene mal wieder eine Scheibe abschneiden können. Warum also nicht gemeinsam die Welt entdecken, experimentieren und spannende Dinge lernen?

122. Gemeinsam in die Bibliothek gehen €

Die Leidenschaft für spannende Geschichten in Papierformat beginnt schon in der frühen Kindheit. Wie passend, dass in den Regalen der Bibliotheken schon Bilderbücher für die Allerkleinsten zu finden sind. Aber auch größere Leseratten kommen auf ihre Kosten. Für jeden von euch ist garantiert ein passender Schmöker dabei. Ihr habt ein Buch gefunden? Dann macht es euch gemütlich. Insbesondere der Kinderbereich ist so eingerichtet, dass ihr es euch in kuscheligen Leseecken bequem machen und gemeinsam lesen könnt. Ihr wollt lieber zu Hause lesen? Kein Problem: Die meisten Bibliotheken bieten eine kostenlose Mitgliedschaft für Kinder an.

123. Eine Stadtführung in der eigenen Stadt mitmachen €€

Ihr fragt euch jetzt vermutlich, welchen Sinn eine Stadtführung hat, wenn ihr doch tagtäglich durch die Innenstadt eurer Stadt schlendert? Doch seid mal ehrlich: Vermutlich wisst ihr seit eurer Rundfahrt durch den Hamburger Hafen mehr über die Geschichte der Hansestadt als über die eures Wohnortes. Zeit, dies zu ändern! Gerade für die Kinder ist es spannend, wenn scheinbar belanglosen Statuen oder steinernen Überresten plötzlich Leben eingehaucht wird. Beim nächsten Stadtbummel mit Freunden oder Verwandten könnt ihr dann stolz euer Wissen preisgeben.

In größeren Städten gibt es eigens Führungen für Kinder und Jugendliche, die die Stadtgeschichte kindgerecht – z. B. als Rallye oder Themenführung – verpacken. Falls ihr jetzt Bedenken habt, ob so etwas in eurer Kleinstadt oder in eurem Dorf überhaupt angeboten wird, schaut mal auf die Webseite eurer Stadt, ins VHS-Programm oder fragt bei kleineren Wohnorten gerne auch den örtlichen Heimatverein.

124. Urzeitkrebse züchten €€

Wusstet ihr, dass die Urzeitkrebse bereits zu Zeiten der Dinosaurier auf der Erde lebten? Zudem sind sie die idealen ersten Haustiere (und den meisten Eltern vermutlich noch aus ihrer eigenen Kindheit bekannt). Sie sind pflegeleicht und haben eine kurze Lebenserwartung. Vom Schlüpfen aus dem Ei über das erste Häuten, die Eiablage bis hin zum schlussendlichen Tod erlebt ihr alle Entwicklungsschritte hautnah mit – und das im Eiltempo. So gibt es jeden Tag etwas Neues zu entdecken. Gemeinsam sorgt ihr für ein sauberes Becken, füttert eure Krebse und informiert euch über die einzelnen Entwicklungsschritte. Übrigens ist es nach dem Versterben der Urzeitkrebse nicht vorbei. Hebt unbedingt den Sand auf. Aus den darin abgelegten Eiern könnt ihr auch nach Monaten oder sogar Jahren eine weitere Zucht starten.

125. Salzkristalle züchten €

Funkelnde Kristalle sind nicht nur wunderschön, sondern lassen sich ganz einfach selbst herstellen. Alles, was ihr hierfür benötigt, findet ihr in eurer Küche (oder in der Apotheke). Für ein einfaches Experiment benötigt ihr lediglich einen Holzspieß, destilliertes Wasser, Speisesalz, einen dünnen Faden und ein Glas. Dann erhitzt ihr das Wasser in einem Topf und löst nach und nach Salz hierin auf. Dies führt ihr solange fort, bis das Wasser gesättigt ist, sprich, kein Salz mehr aufnimmt. Anschließend legt ihr einen Holzspieß mit einem dünnen Faden über das Glas, sodass der Faden in der Salzlösung hängt. Danach heißt es abwarten. Bereits nach ein paar Tagen werdet ihr bemerken, wie nicht nur das Wasser weniger wird, sondern sich auch die ersten Kristalle am Faden bilden. Habt ihr Gefallen daran gefunden, Kristalle zu züchten, probiert doch mal verschiedene Salze aus oder färbt das Salzwasser mit Lebensmittelfarbe.

126. Eine Mumie herstellen €

Begebt euch auf die Spuren der alten Ägypter, und zwar indem ihr eure eigene Mumie herstellt. Keine Sorge: Hierfür muss kein Lebewesen sterben und ihr werdet euch auch nicht vor dem Anblick gruseln. Man kann nämlich auch einen Apfel mumifizieren. Das Prinzip eurer Apfelmumie gleicht dem der alten Ägypter. Alles, was ihr hierfür benötigt, sind zwei Apfelstücke, Natron und zwei Schüsseln. Eines der beiden Apfelstücke wälzt ihr beidseitig in Natron. Das andere legt ihr so in die Schüssel. Nun heißt es, geduldig sein und mindestens eine Woche warten. Während das unbehandelte Apfelstück einfach vergammelt ist, ist der in Natron getauchte Apfel – hart und trocken – wie eine Mumie.

127. Zaubertricks lernen €

David Copperfield, Harry Houdini und Siegfried & Roy machen es vor: Zaubern ist nicht nur spaßig, sondern zieht auch jede Menge bewundernde Blicke auf denjenigen, der zum Zauberstab greift! Vor allem dann, wenn ihr das Publikum so richtig zum Grübeln bringt. Noch beeindruckender werden die Zaubertricks, wenn ihr als Zaubererteam auftretet. Für eure Zaubershow reichen bereits wenige Utensilien, die ihr mit Sicherheit zu Hause habt: Kartenspiel, Streichhölzer und Geldmünzen.

128. An einer Führung durch den Reichstag teilnehmen €

Was ist ein Parlament, wie setzt es sich zusammen, wie entstehen Gesetze und welche Geschichte steckt hinter dem imposanten Reichstagsgebäude? Bei einer Führung durch den Reichstag bekommt ihr Antworten auf all diese Fragen und dürft einen Blick in den Plenarsaal werfen. Ein Abstecher auf die imposante Kuppel darf natürlich auch nicht fehlen. Von der Dachterrasse aus habt ihr einen fantastischen Blick über Berlins Sehenswürdigkeiten. Die Familienführungen für Kinder zwischen 5 und 14 Jahren finden regelmäßig samstags und sonntags statt. Die Führungen sind kostenlos. Eine Anmeldung auf der Website des Deutschen Bundestages ist aber erforderlich: www.bundestag.de/besucher.

129. Eine Fabrik besichtigen €€

«Papa, wie wird eigentlich ein Auto (wahlweise eine Zeitung, Tee, Schokolade, Spielzeug, ...) hergestellt?» Nichts beantwortet diese neugierige Kinderfrage so gut, wie eine Werksbesichtigung – und auch für Erwachsene ist so ein Blick hinter die Kulissen äußerst spannend. Wann sonst habt ihr die Möglichkeit, den Weg eines Produktes von der Anlieferung der Rohstoffe bis hin zur Verpackung hautnah mitzuerleben?

130. Eine Geheimsprache lernen €

«Guhudefutehedefen Tahadefag» – Bitte was?! Was sich für Außenstehende wie Kauderwelsch anhört, ist «Guten Tag» in Hühnersprache. Die Hühnersprache ist wohl eine der bekanntesten Geheimsprachen und inzwischen auch nicht mehr so geheim. Dennoch könnt ihr davon ausgehen, dass euch die meisten Mitmenschen nur verständnislos anschauen werden. Weitere beliebte Geheimsprachen sind die Löffelsprache und die Räubersprache aus dem Kinderbuch «Kalle Blomquist.»

Für die Profis unter euch kann es auch spannend sein, eine eigene Geheimsprache zu erfinden. So könnt ihr sichergehen, dass euch garantiert niemand versteht.

Alternativ: Möchtet ihr eine geheime Botschaft übermitteln, geht dies auch mit einer Geheimschrift aus Zitronensaft. Hierzu presst ihr eine Zitrone aus, taucht einen kleinen Pinsel in den Zitronensaft und schreibt eure geheime Nachricht auf ein weißes Blatt Papier. Ist der Zettel getrocknet, ist die Schrift nicht mehr lesbar. Unbeteiligte sehen nur ein leeres Blatt. Ihr aber wisst, dass ihr, um die Geheimschrift lesen zu können, das Papier über eine Kerze halten müsst, damit die Schrift aus Zitronensaft sichtbar wird.

131. Eine Hermetosphäre anlegen €€

Eine Hermetosphäre, besser bekannt als «Flaschengarten» oder «Flaschenurwald», ist eine eigene kleine Welt aus Pflanzen und Erde, die luftdicht in ein Glas eingeschlossen ist. Das Besondere: Das kleine Ökosystem kommt ganz ohne Wasser und Dünger aus. Lediglich ins Licht stellen solltet ihr euer Glas. Genau wie auf unserem Planeten arbeiten die Pflanzen, die Erde und das Wasser in einem Kreislauf zusammen. So stoßen etwa Pflanzen Sauerstoff aus, der wiederum von den Bakterien benutzt wird, um abgestorbene Pflanzenreste zu zersetzen. Hierbei stoßen sie Kohlendioxid aus, welches wiederum von den Pflanzen benutzt wird usw. Kleine Naturforscher und -forscherinnen lernen, wie der natürliche Wasserkreislauf funktioniert, Regen entsteht und was Pflanzen zum Leben benötigen. Zudem macht so ein Flaschengarten auf der Fensterbank ordentlich was her.

132. Gemeinsam einen Fahrradreifen flicken €

Einen Fahrradreifen flicken zu können, ist ungemein praktisch und sinnvoll, besonders wenn ihr regelmäßig längere Radtouren macht. Zudem ist es gar nicht so schwer, wenn man weiß, wie es geht. Beim ersten Mal wird es vielleicht noch etwas länger dauern. Den eigenen Drahtesel selbst wieder flottzumachen, ist dafür ein tolles Erfolgserlebnis.

133. Ein Tropenhaus besuchen €€

Entflieht für einen Nachmittag dem mitteleuropäischen Klima und macht einen Kurztrip in die Tropen. Für eure exotische Entdeckungsreise braucht ihr allerdings nicht in den Flieger zu steigen. Tropenhäuser, in denen das Klima des Regenwaldes nachempfunden wird, gibt es in vielen botanischen Gärten und Zoos. Erfreut euch an der üppigen Vegetation und lernt allerhand Wissenswertes über exotische Pflanzen und Tiere.

Flaschengarten

134. Einen Regenbogen erzeugen €

Der Regenbogen gilt als Zeichen der Hoffnung und Toleranz. Darüber hinaus ist er ein imposantes Naturschauspiel, das ihr – in kleinem Maßstab – selbst erzeugen könnt. Ein Regenbogen entsteht, wenn die weißen Strahlen der Sonne gebrochen werden. Dies geschieht, wenn es gleichzeitig regnet und die Sonne scheint. Denn dann treffen die Sonnenstrahlen auf Wassertropfen. Durch die Form der Tropfen wird das Licht in die Spektralfarben Rot, Orange, Gelb, Grün, Blau, Indigo und Violett aufgespalten und zurückgeworfen. Passiert der Vorgang bei vielen Regentropfen gleichzeitig, seht ihr einen Regenbogen. Diesen Effekt könnt ihr mit einem Gartenschlauch oder einer Sprühflasche nachahmen. Eine Art Regenbogen kann auch mit einem Prisma oder einer CD entstehen. Die typische Bogenform hat das bunte Licht dann jedoch nicht.

135. Ein Besuch im Planetarium €€

«Weißt du, wie viel Sternlein stehen an dem blauen Himmelszelt?» Dieses Lied kennt wohl jedes Kind. Der Sternenhimmel mit seiner unendlichen Weite ist Ausgangspunkt für unzählige Kinderfragen. Was ist eine Sternschnuppe? Kann man auf der Milchstraße fahren? Wo finde ich den Polarstern? Und, und und ... Leider ist es in den Städten viel zu hell, um den Nachthimmel in all seiner Pracht zu beobachten. Ein Besuch im Planetarium bringt euch die Sterne zum Greifen nah und ist, insbesondere an Regentagen, das perfekte Ausflugsziel. Nahezu alle Planetarien bieten spezielle Kindervorstellungen an, in denen Himmelsphänomene sowohl unterhaltsam als auch lehrreich dargeboten werden.

136. Gemeinsam eine Sprache lernen €-€€€

Ihr fahrt jedes Jahr zum Ferienhausurlaub nach Dänemark oder nach Rimini in Italien? Dann lernt doch gemeinsam ein wenig die Sprache. Zum Beispiel, indem ihr euch Kinderbücher in der jeweiligen Sprache ausleiht, euch von einem Muttersprachler ein paar Sätze beibringen lasst oder sogar gemeinsam einen Kurs besucht. Im nächsten Urlaub könnt ihr dann voller Stolz ein Eis in der Landessprache bestellen und zarte Bande mit den Einheimischen knüpfen.

137. Ein 1.000-Teile-Puzzle vollenden €€

Puzzeln ist eine wunderbare Gelegenheit, die ganze Familie an einen Tisch zu bekommen. Bei einem Puzzle mit 1.000, 2.000 oder sogar noch mehr Teilen verbringt ihr sogar sehr viel Zeit gemeinsam und beweist jede Menge Durchhaltevermögen – eine Leistung, auf die ihr stolz sein könnt.

 **Tipp:** Verwandelt euer liebstes Familienfoto in ein Puzzle (einfach nach Anbietern googeln). So könnt ihr beim Puzzeln so richtig schön in Erinnerungen schwelgen und habt als Ergebnis eine einzigartige Wanddekoration.

138. Ein Modell bauen €€

Die große Welt in ganz klein. Modellbau ist ein faszinierendes Hobby, das viel Geduld und Fingerspitzengefühl erfordert. Umso stolzer werdet ihr sein, wenn euer fertiges Werk auf dem Kaminsims thront. Ihr könnt ganz klassisch Schiffe, Flugzeuge und Fahrzeuge nachbauen oder ihr baut Sehenswürdigkeiten wie den Kölner Dom, das Kolosseum in Rom oder den Eiffelturm nach.

139. Das Kind einen Tag lang mit zur Arbeit nehmen

Während Eltern zumindest eine grobe Vorstellung davon haben, wie der Alltag ihrer Sprösslinge in Kita, Kindergarten oder Schule aussieht, ist für Kinder der Arbeitstag ihrer Eltern eine Blackbox. Zeit, dies zu ändern! Nehmt euren Nachwuchs doch mal für einen Tag mit zur Arbeit. Auch wenn euer Brotverdienst nicht zu den Jobs gehört, die bei Kindern hoch im Kurs stehen, ist es für den Nachwuchs sicher aufregend, zu entdecken, wo Mama und Papa jeden Tag hinmüssen und wo sie so viel Zeit verbringen.

In den USA gibt es hierfür jeden vierten Donnerstag im April den «Take Our Daughters and Sons to Work Day». Kinder gewinnen an diesem Tag nicht nur einen Eindruck von der Tätigkeit ihrer Eltern, sondern gewinnen auch erste Impulse für ihre zukünftigen Jobs. Zweifellos werdet ihr mit Junior im Anhang nicht das gleiche Pensum wie üblich schaffen, dafür haben eure Kinder einen lehrreichen Tag verbracht, der sicher lange in Erinnerung bleibt.

Fragt doch mal eure Arbeitgeber, ob ihr euer Kind für einen Tag mitbringen könnt. Falls nicht, ist es für die Kleinen sicher auch spannend, den Arbeitsalltag von Oma, Opa, Onkel oder Tante kennenzulernen.

KREATIV

Kreativ sein bedeutet, sich auszuprobieren, querzudenken und auch mal die Perspektive zu wechseln. Fähigkeiten, die in jedem von uns stecken und nur darauf warten, geweckt zu werden. Dabei kommt es nicht auf das fertige Werk an. Viel mehr als das Ergebnis zählt, dass ihr allesamt Spaß hattet, etwas Neues probiert habt und ganz in eurem Tun aufgegangen seid. Im Folgenden findet ihr eine Auswahl kreativer Ideen für eure Bucketlist.

140. Mit Straßenkreide malen €

Werdet zum Straßenkünstler oder zur Straßenkünstlerin und verewigt euch mit euren Kunstwerken vor der Haustür zumindest bis zum nächsten Regen. Straßenkreide erlaubt es euch, mit einfachen Mitteln stundenlang kreativ zu sein.

Hier einige Spielideen mit Straßenkreide:

- Einen Parcours für Fahrrad, Bobbycar und Co. aufzeichnen
- Körperumrisse nachzeichnen
- Hüpfekästchen aufmalen
- Ein Labyrinth entwerfen
- Ein Fotoshooting veranstalten mit Accessoires, die ihr auf den Boden malt (z. B. lustige Kopfbedeckungen)

141. Kleidung batiken €

Habt ihr ein paar weiße T-Shirts oder andere Kleidungsstücke, die bereit sind für eine zweite Runde? Dann haucht ihnen mit Batikfarbe neues Leben ein. Heraus kommen individuelle Shirts mit bunten Mustern. Eine preiswerte und zudem noch nachhaltige Möglichkeit, um für frischen Wind im Kleiderschrank zu sorgen. Alles, was ihr hierfür benötigt, sind alte T-Shirts und Gummibänder (oder Paketschnur), Batikfarbe, Eimer, Fixiermittel und altes Zeitungspapier als Unterlage. Und dann kann es auch schon losgehen.

1. Jedes Familienmitglied bekommt ein Kleidungsstück und Gummibänder. Dann darf gedreht und mit Gummibändern geknotet werden. An die verknoteten Stellen wird später keine Farbe herankommen, was für die typischen Batikmuster sorgt.
2. Im nächsten Schritt befüllt ihr den Eimer mit Wasser und gebt die Farbe hinzu. Gut umrühren!
3. Nun legt ihr die verknotete Kleidung in den Eimer und achtet darauf, dass der gesamte Stoff mit Wasser bedeckt ist. Je nach Farbe lasst ihr eure Shirts ca. eine Stunde ziehen.
4. Ist das T-Shirt gefärbt, kommt es in einen Eimer mit dem Fixiermittel, damit sich die Farbe nicht rauswäscht.
5. Nun wird es spannend: Im großen Finale heißt es, die Gummibänder zu lösen, die Shirts auszuspülen und die eigenen Kreationen zu bewundern.

142. Blumenkränze flechten €

Wenn im Frühling oder Sommer die Blumen in ihrer bunten Farbenpracht blühen, gibt es nichts Schöneres, als einen Blumenkranz als Kopfschmuck selbst zu machen. Besonders gut eignen sich Löwenzahn und Gänseblümchen. Sie sind leicht zu finden und ihre Stängel besonders biegsam. Achtet darauf, dass ihr die Blumen direkt über dem Boden abpflückt, damit der Stängel auch lang genug ist.

143. Freundschaftsbänder knüpfen €

Freundschaftsbänder sind nicht nur Freunden vorbehalten. Im Gegenteil: Als Zeichen gegenseitiger Zuneigung und Verbundenheit passen sie genauso gut zu euch als Familie. Die Armbänder könnt ihr nach Lust und Laune sehr farbenfroh und/oder mit einem ausgefallenen Muster kreieren. Anschauliche Videoanleitungen für diverse Knüpftechniken gibt es bei YouTube.

144. Ostereier ausblasen und bemalen €

Zu Ostern findet man sie überall Ostereier in den verschiedensten Farbvariationen. Die schönsten Eier sind allerdings immer noch die selbst bemalten. Wenn ihr den Aufwand gering halten wollt, nehmt ihr die handelsüblichen Färbetabletten. Aber wo bleibt da der kreative Spaß? Mit Fingerfarben, Marmorierfarben, Acrylstiften oder Dekorfolien werden eure Eier zu kleinen Kunstwerken.

145. Eine Piñata basteln und zerstören €€
Eine Piñata ist eine bunte Figur aus Pappmaschee, gefüllt mit kleinen Leckereien und Geschenken, die mit verbundenen Augen zerschlagen wird. Beliebte Anlässe sind Geburtstage oder Hochzeiten. Wie wäre es, wenn ihr eure Lieben bei der nächsten Familienfeier mit einer selbst gebastelten Piñata überrascht?

146. Ein Namensschild für die Wohnungstür basteln €
Ein selbst kreiertes Namensschild gibt eurem Eingangsbereich nicht nur eine persönliche Note, sondern zeigt euren Besuchern auch, dass sie bei euch willkommen sind und hinter der Tür eine kreative Rasselbande auf sie wartet. Ob mit Foto, Motiv, Spruch, aus Fimo oder Beton, das ist euch überlassen.

147. Ein Familienwappen (mit Motto) entwerfen (lassen) €-€€€
Ein eigenes Wappen ist nur adeligen Familien vorbehalten? Keineswegs! Rein rechtlich darf sich jeder bzw. jede Familie ein eigenes Wappen erstellen (lassen) und dies in einer öffentlichen Wappenrolle eintragen lassen. Einzige Anforderung: Das Wappen entspricht den heraldischen Regeln. Dieser Kodex schreibt eine Reihe von Regeln vor, an die ihr euch bei der Gestaltung eures Wappens halten müsst, etwa was die Symbolik, die Farben und die Form angeht. Wenn ihr mehr gestalterische Freiheit wünscht und nicht unbedingt Wert auf einen offiziellen Eintrag legt, gestaltet euer Wappen nach euren Vorlieben doch einfach selbst. Bestandteile eures Wappens können eure Lieblingsfarbe(n), euer Lieblingstier, eure Initialen oder euer Familienmotto sein.

148. Eine Flaschenpost verschicken €
Habt ihr Lust, eine Flaschenpost zu verschicken? Dafür müsst ihr euch nur an einem Meer oder Fluss befinden und eine individuelle Botschaft auf einen Zettel schreiben. Wählt am besten eine durchsichtige Flasche, damit der Inhalt zu erkennen ist. Anschließend verschließt ihr die Flasche wasserdicht (z. B. mit einem Korken und Siegellack) und lasst sie dann auf die Reise gehen. Hinterlasst am besten auch eure Kontaktdaten, damit der Finder oder die Finderin der Flaschenpost euch erreichen kann. Oft werden diese Nachrichten in Flaschen auch Jahre später noch gefunden. So können interessante Begegnungen zwischen euch und dem Finder oder der Finderin eurer Flaschenpost entstehen.

149. Steine bemalen (und verstecken) €

Es muss nicht immer ein Blatt Papier sein, auf dem ihr eure künstlerische Ader zum Ausdruck bringt. Insbesondere graue Steine sind geradezu prädestiniert dafür, dass ihr ihnen mit bunten Farben Leben einhaucht. Aus einem runden Stein kann etwa ein farbenfroher Marienkäfer werden. In der Pandemiezeit, als immer mehr Menschen Spaziergänge in der Natur für sich entdeckt haben, hat sich mit bunt bemalten Steinen eine tolle Bewegung entwickelt. Womöglich habt ihr auch schon bemalte Steine am Wegesrand entdeckt? Die Idee dahinter: Die fröhlichen Motive sollen Spaziergängern und Spaziergängerinnen ein Lächeln ins Gesicht zaubern. Wer mag, kann den Stein auch mitnehmen und an einem anderen Ort wieder ablegen. Vielleicht habt ihr ja Lust mitzumachen?

150. Kastanienmännchen basteln €

Für eine ausschweifende Bastelsession braucht es nicht immer einen Einkauf im Bastelladen. Ein Abstecher in die Natur versorgt euch mit allerhand Material, aus dem ihr schöne Dinge basteln könnt. Der Klassiker schlechthin sind Kastanienmännchen. Das Basteln mit Naturmaterialien macht Spaß und gleichzeitig geben Kastanienmännchen und Co. eine schöne Herbstdekoration ab. Die kleinen Kunstwerke halten sich auf der Fensterbank über Monate.

Übrigens könnt ihr mit Kastanien weit mehr basteln als nur Kastanienmännchen. Stöbert doch mal auf Pinterest. Von süßen Rentieren über Schmuck, bis hin zu Herbstkränzen findet ihr auf der Plattform viel Inspiration.

151. Ein Vogelhaus bauen €

Für gewöhnlich nisten Vögel gut versteckt in morschen Bäumen oder Mauerspalten. In unseren modernen Städten fehlt es aber häufig an solchen natürlichen Nistmöglichkeiten. Ein selbst gebautes Vogelhaus wird daher von vielen Vogelarten dankend angenommen. Dabei ist es ihnen gleich, wie ihre Behausung ausschaut. Ihr könnt euch kreativ also richtig austoben. Wie wäre es z. B. mit einem Vogelhaus in den Farben eures Lieblingsvereins oder einem Hexenhäuschen?

152. Einen Brief an den Weihnachtsmann schreiben €

Versüßt euch die Wartezeit auf Weihnachten und schreibt dem Weihnachtsmann einen Brief. Über einen persönlichen Brief mit eurem Wunschzettel wird er sich sicher so freuen, dass er auch eine Antwort schickt – ganz egal ob ihr malt, bastelt oder schreibt. Der Weihnachtsmann freut sich bestimmt auch über ein Porträt von ihm mit seinem Schlitten.

Die Adresse des Weihnachtsmanns:
An den Weihnachtsmann
Weihnachtspostfiliale
16798 Himmelpfort

Falls ihr lieber an das Christkind schreiben möchtet:
An das Christkind
51777 Engelskirchen

Psst ... Natürlich antwortet hier nicht der echte Weihnachtsmann (oder das echte Christkind). Er hat in der Weihnachtszeit schließlich so viel zu tun, dass er gar nicht zum Briefeschreiben kommt. Er hat in Himmelpfort aber seine Helfer und Helferinnen, die fleißig Kinderbriefe aus aller Welt beantworten. Wichtig: Damit die Antwort rechtzeitig vor Heiligabend eintrifft, sollten die Briefe bis zum dritten Advent eintreffen. Und natürlich eure Absenderadresse nicht vergessen!

153. Eine Seifenkiste bauen
(und an einem Seifenkistenrennen teilnehmen) €€€

Seifenkistenrennen begeistern einfach jeden – egal ob große oder kleine Rennfahrer und Rennfahrerinnen. Neben dem eigentlichen Rennen ist bereits das gemeinsame Bauen und vor allem Gestalten der Seifenkiste ein Erlebnis. Anleitungen zum Bau einer Seifenkiste findet ihr auf der Webseite des Deutschen Seifenkisten Derby e. V. (*https://dskd.org/*). Hier bekommt ihr auch die benötigten Bauteile und könnt euch über Vereine sowie offizielle Rennen in eurer Nähe informieren. Mit einem Preis von 500 € aufwärts für eine Seifenkiste, die den offiziellen Bauvorschriften entspricht, solltet ihr allerdings rechnen. Wenn der ganze Rennzirkus nicht euer Ding ist, könnt ihr selbstverständlich auch eure – preisgünstigeren – eigenen Vorstellungen umsetzen.

154. Einen Kürbis schnitzen €

Kürbisse gehören zu Halloween wie der Adventskalender in den Dezember. Die gruseligen Kürbisgrimassen sollen am Abend vor Allerheiligen böse Geister verjagen. Auch wenn ihr an all das nicht glaubt, schafft ihr mit einem gruseligen Kürbisgesicht die perfekte Atmosphäre für einen Horrorfilmmarathon. Das Innere des Kürbisses müsst ihr keinesfalls wegwerfen! Kombiniert das Schnitzen einfach mit einer weiteren gemeinsamen Aktivität und kocht eine leckere Kürbissuppe (oder backt eine Kürbisquiche, einen Kürbiskuchen etc.).

155. Eine Treppenrutsche bauen €

Euch dürstet es nach Spielplatz-Action, aber draußen regnet es in Strömen, es ist früh dunkel und obendrein noch eiskalt? Wie wäre es, wenn ihr die Treppe zur Rutsche umfunktioniert? Vorausgesetzt natürlich, dass es in eurem Zuhause eine Treppe gibt. Besonders gut eignen sich ausrangierte Kartons, die ihr mit Klebeband befestigt. Die Zwischenräume eurer Rutsche könnt ihr mit Kissen und Co. auspolstern.

156. Mit Fingerfarben malen €

Manchmal braucht es nicht viel Equipment, um wunderbare Kunstwerke zu gestalten. Wenn das Ganze dann noch in eine farbenfrohe Matscherei ausartet, gibt es in der Regel kein Halten mehr. Die Rede ist von Fingerfarben. Mit ihnen werden bereits die kleinsten Kinder zum Mini-Picasso. Und auch Erwachsene werden viel Spaß haben, sobald die Scheu, sich die Hände dreckig zu machen, abgelegt ist.

157. Palettenmöbel bauen €€€

Schluss mit den 08/15-Möbeln! Mit Paletten könnt ihr tolle Möbel selbst bauen. Sie sind günstig, schön und einfach herzustellen. Das Beste daran ist: Ihr könnt nicht nur den Schnitt selbst festlegen, sondern euer Möbelstück farblich so gestalten, wie ihr wollt. Hinzu kommt der Aspekt der Nachhaltigkeit. Statt neues Holz zu kaufen, kann einfach das vorhandene genutzt und recycelt werden. Wie wäre es mit einer Garderobe, Loungemöbeln für die Terrasse oder einem neuen Bett? Die Freude und der Stolz über das selbst gebaute Möbelstück – unbezahlbar!

158. Skelettblätter herstellen €

Klingt gruselig, ist es aber nicht! Skelettblätter sind zarte, filigrane Blätter, die sich super zum Dekorieren und Basteln eignen – z. B. zum Verschönern von Fotoalben. Um die feinen, federleichten Blätter herzustellen, geht ihr wie folgt vor:

1. Sammelt unterschiedliche Blätter und gebt sie in einen Topf mit Waschsoda (ca. vier Teile Wasser, ein Teil Waschsoda).
2. Lasst die Blätter köcheln, bis sie weich sind. Dies wird ca. zwei Stunden dauern.
3. Anschließend schrubbt ihr die erkalteten Blätter so lange vorsichtig mit einer Zahnbürste, bis nur noch das Skelett übrig ist.
4. Legt die Blätter nun zwischen zwei Papiertücher und beschwert sie mit einem Buch, damit sie schön flach werden.
5. Sind die Blätter getrocknet, könnt ihr sie nach Belieben mit Wasserfarbe bemalen.

159. Mit Fimo basteln €

Fimo ist im Grunde wie Knete. Nur, dass eure Kunstwerke für die Ewigkeit sind. Denn Fimo ist eine Modelliermasse, die durch Backen gehärtet wird. Ihr könnt mit der Modelliermasse wunderbar kreativ werden. Hier einige Ideen, was sich mit Fimo alles Wunderbares herstellen lässt:

- Deko (Vasen, Teelichter, Weihnachtsbaumschmuck, Blumentöpfe ...)
- Schmuck
- Magnete
- Schlüsselanhänger
- Spielzeug
- Fotohalter
- Eierbecher
- Untersetzer
- Teebeutelhalter

160. Ein Kartenhaus bauen €

Ein Kartenhaus zu bauen, erfordert eine Menge Geschick. Mit etwas Übung werdet ihr immer besser und euer Kartenhaus immer höher. Doch Obacht: Eine wacklige Hand, ein kräftiger Atemstoß oder ein abruptes Zucken können euer Haus blitzschnell zusammenfallen lassen.

161. Einen Wellnesstag zu Hause einlegen €

Ein Wellnesstag kann ganz schön ins Budget gehen. Die Lösung: Verlegt den Wellnessstempel in eure eigenen vier Wände. Dies ist nicht nur günstiger, sondern ihr könnt eure Wellnessauszeit zusätzlich mit einer Kreativstunde verknüpfen und Gesichtsmasken, Badezusatz und Co. selbst herstellen.

Hier ein paar Wellnesstipps, bei denen sich die ganze Familie entspannen kann:

- Gesichtsmasken zubereiten (der Klassiker: Quark und Gurke)
- Frische Smoothies trinken
- Sich gegenseitig eine Massage geben
- Badesalz herstellen
- Ein ausgedehntes Bad nehmen

162. Origami falten €

Die Kunst des Papierfaltens hat in Asien eine lange Tradition. Das wohl bekannteste Origami-Modell ist der Kranich. Eine japanische Legende besagt: Derjenige, der 1.000 Kraniche gefaltet hat, bekommt von den Göttern einen Wunsch erfüllt. Vielleicht sind die 1.000 Kraniche ja ein gemeinsames Projekt, das euch reizt?

163. Papierflieger basteln €

Höher, schneller, weiter – Papierflieger basteln nicht nur Kinder gerne. Auch Erwachsene haben Spaß daran, einen coolen Papierflieger zu falten und diesen fliegen zu lassen. Anleitungen findet ihr online zuhauf oder vielleicht entwickelt ihr ja eine eigene Falttechnik. Wer von euch bastelt wohl den schnellsten Papierflieger?

KULINARISCH

Auch wenn es ausgelutscht klingt: Probieren geht über Studieren. Und probiert werden darf bei den folgenden Ideen aus dem kulinarischen Bereich reichlich. Mal geht es darum, bekannte Gerichte selbst zu kochen, mal darum, neue Lokalitäten auszuprobieren, und bei wieder anderen Ideen werdet ihr zum kreativen Rezeptfinder.

164. Eine eigene Eissorte kreieren €

Gummibärchen-Kirsche, Snickers-Pfirsich oder doch Marshmallow-Karamell? Bei der Kreation eurer eigenen Eissorten darf kräftig experimentiert werden. Je ausgefallener die Geschmacksrichtung, desto besser. Zudem habt ihr die volle Kontrolle über die Inhaltsstoffe. Ihr wollt ein Eis ohne Zucker oder Konservierungsstoffe? Kein Problem. Im Internet findet ihr Basisrezepte für jede Vorliebe.

165. In einem Bergwerk dinieren €€€

Der 21. Dezember 2018 war ein historischer Tag im Ruhrgebiet. Mit der Zeche Prosper-Haniel in Bottrop schloss die letzte Steinkohlezeche in Deutschland. Das Ende einer Ära. Wenn ihr ansatzweise wissen wollt, wie es sich unter Tage anfühlt, und zudem gerne an ungewöhnlichen Orten speist, ist ein Dinner in einem Bergwerk genau das Richtige für euch. Im Erzbergwerk Ramsbeck (im schönen Sauerland) erfahrt ihr im Museum zunächst mehr über die faszinierende Welt des Erzbergbaus und begebt euch anschließend selbst in sagenhafte 300 Meter Tiefe, um ganz romantisch ein Gruben-Light-Dinner zu genießen.

166. Ein Familiencafé besuchen €€

«Das ist ein Restaurant und kein Spielplatz!» Falsch! Familiencafés sind darauf ausgerichtet, Eltern eine kleine Auszeit zu ermöglichen. Stillen, Toben und Kinderwagen sind daher ausdrücklich erlaubt. Niemand kommt mit dem erhobenen Zeigefinger, wenn es mal etwas lauter wird. Es gibt Wickelmöglichkeiten, Kinderhochstühle und Fläschchenwärmer. Manche Cafés bieten auch eine Kinderbetreuung an. Ideal, um einfach mal zu entspannen und bei Kaffee und Kuchen mit anderen Mamas und Papas ins Gespräch kommen. Der Nachwuchs amüsiert sich währenddessen in der Spielecke.

167. Insekten essen €€

Was im ersten Moment nach einer fiesen Dschungelprüfung klingt, ist in vielen Ländern eine beliebte Delikatesse. Für geröstete Wespen und Wurm-Burger spricht nicht nur der hohe Proteingehalt, sondern auch die wesentlich klimaschonendere Produktion. Jetzt müsst ihr euch nur noch trauen: entweder in einem Restaurant mit Krabbelviechern auf der Speisekarte oder sogar in eurer heimischen Küche.

168. Eine Teeparty mit allen Kuscheltieren veranstalten €

Schon die Kleinsten lieben es, wie Mama und Papa mit einem Löffelchen in kleinen Tassen zu rühren und alles schön herzurichten. Mit einem bruchsicheren Kindergeschirr, etwas Deko und kleinen Naschereien können die kleinen Gastgeber ihrer Kreativität freien Lauf lassen. An einem Kaffeetisch mit solch herrlichen Leckereien nehmen ganz sicher auch Großeltern, Tanten und Onkel gerne teil.

169. Hermann, den Wanderkuchen, hegen und weitergeben €

Ein Teig macht sich auf Reisen – einige Kinder der 90er-Jahre werden sich an «Hermann» erinnern. «Hermann» ist nicht irgendein Kuchen, sondern ein Wanderkuchen, der wie ein Kettenbrief immer weitergereicht wird. Das Prinzip dahinter ist einfach: Hermann ist ein Sauerteig, der unter anderem aus Weizenmehl, Hefe und Milch besteht. Den Hermann-Teig bekommt ihr entweder geschenkt oder stellt ihn mit diesen wenigen Zutaten selbst her:

Zutaten:
– 100 g Weizenmehl
– 2 Teelöffel Trockenhefe
– 1 Esslöffel Zucker
– 150 ml lauwarmes Wasser

Zubereitung: Alle Zutaten in einer Schüssel zu einem glatten Teig verrühren. Anschließend den Teig in ein Gefäß umfüllen, das ihr lose verschließen könnt, und den Hermann bei Zimmertemperatur für zwei Tage ruhen lassen. Zwischendurch den Teig ab und zu umrühren.

Damit euer Hermann wachsen und auf Reisen gehen kann, gilt es, ihn für zehn Tage zu hegen und zu pflegen. In dieser Zeit verfahrt ihr wie folgt:

1. Tag: Ruhen lassen
2. Tag: Umrühren
3. Tag: Umrühren
4. Tag: Umrühren
5. Tag: Füttern und umrühren
   (100 g Weizenmehl, 150 g Zucker und 150 ml Milch zugeben)
6. Tag: Umrühren
7. Tag: Umrühren
8. Tag: Umrühren
9. Tag: Umrühren
10. Tag: Füttern und umrühren
    (100 g Weizenmehl, 150 g Zucker und 150 ml Milch zugeben)

Anschließend ist es endlich so weit. Traditionell teilt ihr euren Hermann nun in vier Teile. Einer davon landet bei 180 Grad für etwa 45 Minuten im Ofen. Die anderen drei Teile verschenkt ihr mitsamt Pflegeanleitung an Freunde.

170. Holunderblüten backen €
Holunder duftet wundervoll aromatisch und schmeckt unheimlich gut in Erfrischungsgetränken oder als Gelee. Aber wusstet ihr, dass ihr die Blüten auch backen könnt? Probiert es aus. Gebackene Holunderblüten – auch Hollerküchlein genannt – sind wunderbar süß und schmecken nach Sommer.

171. Aus einer Kokosnuss trinken €
Aus einer Kokosnuss zu trinken, versetzt euch im Handumdrehen in Urlaubsstimmung. Zudem ist Kokoswasser an heißen Tagen eine herrliche – und zudem gesunde – Erfrischung.

Übrigens: Die haarigen braunen Kokosnüsse, wie wir sie aus dem Supermarkt kennen, enthalten viel Kokosfleisch und nur noch wenig Flüssigkeit. Trinkkokosnüsse hingegen sind Kokosnüsse, die unreif geerntet werden und darum fast nur Flüssigkeit enthalten. Ihr erkennt sie an der grünen Farbe.

172. Ein Lebkuchenhaus backen €
Knusper, knusper, knäuschen, wer knuspert an meinem (Leb-)Kuchenhäuschen? – Lebkuchenhäuser erinnern uns nicht nur an das Märchen

von Hänsel und Gretel, sondern sind zudem ein unbestrittener Klassiker in der Adventszeit. In den meisten Supermärkten gibt es fertige Sets zum Zusammenbauen. Wenn euch das zu langweilig ist, könnt ihr selbstverständlich auch die einzelnen Elemente selbst backen und zurechtschneiden.

173. Einen alkoholfreien Cocktail erfinden €
Ein bisschen Orange, ein Schuss Zitrone und zu guter Letzt das obligatorische Schirmchen. An heißen Sommertagen löschen die fruchtig-frischen Cocktails nicht nur den Durst, sondern sorgen auch noch für ein bisschen Südsee-Feeling. Was bei eurer eigenen Kreation auf gar keinen Fall fehlen darf, ist ein ausgefallener Name.

174. Schokoladenfondue machen €
Schokoladenfondue ist sooo lecker und das perfekte Dessert, wenn die Tage kürzer werden. Freut euch auf einen kuscheligen Winterabend mit der ganzen Familie, bei dem hemmungslos genascht werden darf.

Vorschläge zum Dippen:
- Erdbeeren
- Ananas
- Kiwis
- Bananen
- Äpfel
- Cracker
- Marshmallows
- Löffelbiskuits
- Melone
- Weintrauben

175. Cakepops selbst machen €
Cakepops sind klein, bunt und mit einem Happen im Mund. Aktuell sind sie die absoluten Stars am Kuchenhimmel. Die kleinen Kuchenkugeln sorgen nicht nur für fröhliche Stimmung, sondern sind auch in Nullkommanichts selbst gebacken. Um die kleinen Kunstwerke selbst herzustellen, könnt ihr auf spezielle Silikonformen zurückgreifen. Es geht aber auch ohne. Als Stiele eignen sich kleine Holzstäbe. Am meisten Spaß macht es, die Kugeln anschließend farbenfroh zu verzieren und so für einen Hingucker auf dem Kuchenbuffet zu sorgen.

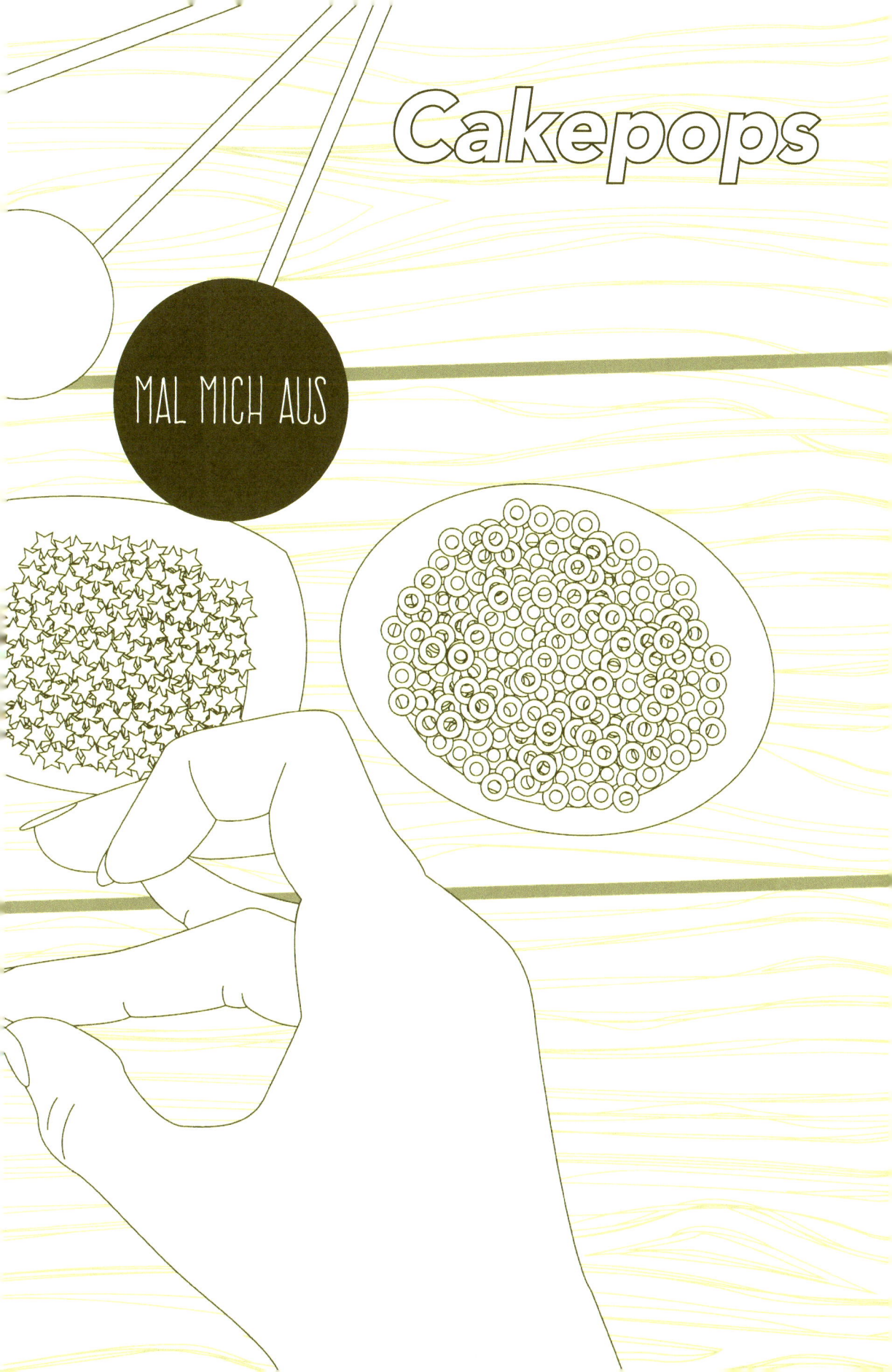

176. Familienrezepte sammeln €

In fast jeder Familie gibt es traditionelle Gerichte: etwa den Apfelkuchen, den Oma immer zu Familienfesten gebacken hat, oder den Kartoffelsalat der Tante, für den ihr alles stehen und liegen lasst. Mit Sicherheit auch in eurer Familie! Es wäre doch sehr schade, wenn das Wissen um all die Köstlichkeiten wie schlesischen Mohnkuchen, Königsberger Klopse oder Steckrübeneintopf verloren ginge. Ihr könntet all die kulinarischen Schätze in einem selbst gemachten Kochbuch festhalten. Euer Vorhaben ist auch ein schöner Anlass, um der Verwandtschaft reihum mal wieder einen Besuch abzustatten und sie zu bitten, ihre Geheimrezepte preiszugeben. Mit der Rezeptsammlung habt ihr nicht nur alle Familienrezepte zum Nachkochen parat, sondern schon das passende Weihnachtsgeschenk für die Verwandtschaft.

177. Popcorn in der Pfanne puffern €

Mit selbst gemachtem Popcorn macht ihr jeden Familien-Kinonachmittag zu etwas Besonderem. Und das Beste: Die Zubereitung macht genauso viel Spaß wie der anschließende Verzehr. Damit es wie im Kino schmeckt, muss der Zucker zusammen mit den Maiskörnern in eine Pfanneund dort karamellisieren.

Hierfür benötigt ihr:
- 50 g Popcornmais
- ca. 3 EL Öl
- 3 EL Zucker

Und so geht's:
1. Erhitzt das Öl in der Pfanne.
2. Anschließend gebt ihr den Popcornmais mit dem Zucker in die Pfanne. Gut umrühren!
3. Sobald die Körner anfangen zu poppen, schließt ihr die Pfanne mit einem Deckel.
4. Dreht die Hitze runter und lasst das Popcorn ca. fünf Minuten poppen. Dabei immer wieder an der Pfanne rütteln, damit nichts anbrennt.
5. Wenn nichts mehr poppt, nehmt ihr die Pfanne vom Herd, lasst das Popcorn kurz abkühlen und füllt es in eine Schüssel um.

178. Ein «ungewöhnliches» Restaurant besuchen €€

Warum eigentlich immer nur Pizza, Pasta und Co.? Die Restaurantlandschaft ist vielfältig und wartet darauf, von euch erkundet zu werden. Plant doch mal einen Besuch in einem Restaurant mit mexikanischer, kubanischer, mongolischer oder äthiopischer Küche. Der kulinarische Ausflug entführt euch nicht nur in neue Geschmackswelten, sondern gewährt euch einen Einblick in die jeweilige Kultur.

VERRÜCKTE IDEEN

Nicht jedes Ziel auf eurer Bucketlist muss besonders *spektakulär* sein. Auch vermeintlich belanglose Ideen haben ihre Daseinsberechtigung auf einer Bucketlist. Besonders wenn es darum geht, eine kleine Pause von der Vernunft zu nehmen. Vor allem Erwachsene können sich in Sachen Quatschmachen eine Auffrischung von ihren Kids abholen. Erlebt gemeinsam, wie schön es ist, einmal loszulassen und alles nicht so wichtig zu nehmen.

179. Einen ganzen Tag im Pyjama verbringen €
Den ganzen Tag im Schlafanzug verbringen? Als Erwachsener gilt dies als Zeichen, etwas nicht im Griff zu haben. Nicht so für Kinder. Da sind es gerade die seltenen Tage, die man komplett im Pyjama verbringen durfte (z. B. der erste Weihnachtsfeiertag), die in besonders schöner Erinnerung an die Kindheit bleiben. Warum nicht mal als Familie einen Pyjamatag einlegen und gemeinsam einfach so in den Tag hineinleben. Aufstehen, Essen bestellen, Filme schauen, Spielen und abends müde und entspannt ins Bett fallen.

180. Im Regen tanzen €
«I'm singing in the rain» – schlechtes Wetter ist kein Grund für schlechte Laune. Also ab in die Badehose oder Regenjacke und raus geht's. Tanzt, schaut den Tropfen beim Fallen zu und haltet Ausschau nach einem Regenbogen.

181. Einen Tag im Partnerlook herumlaufen €
Vermutlich verdreht ihr bei diesem Punkt die Augen und habt jene Familien vor Augen, die alles nur gemeinsam machen und sogar im gleichen Outfit herumlaufen. Gönnt euch den Spaß für einen Tag und übertreibt dabei völlig. Ob Trekkingsandalen mit weißen Socken, Glitzerlook, Poloshirt oder Samtjogger, erlaubt ist, was (nicht) gefällt.

Alternative: Verkleidet euch an Karneval im Familienkostüm. Wie wäre es mit Familie Feuerstein, Ninja Turtles oder Disney-Figuren?

182. Lustige Fotos in einer Fotokabine machen €
Der Klassiker: Quetscht euch allesamt in eine Fotokabine. Jetzt dürfen nach Herzenslust Grimassen geschnitten werden.

183. Moonlight-Minigolf spielen €€
Wenn euch beim normalen Minigolf langsam etwas langweilig wird, taucht doch mal beim Moonlight-Minigolf in eine faszinierende Schwarzlichtwelt ab und spielt eine Runde, wie ihr sie noch nicht erlebt habt.

Tipp für noch mehr Spielspaß: Kleidet euch in Weiß – das leuchtet richtig schön im Schwarzlicht und sieht auf Fotos klasse aus.

184. Virtuelle Abenteuer bestreiten €€
Ihr seid immer auf der Suche nach neuen aufregenden Spielerlebnissen? Dann aufgepasst: Wie wäre es, auf den Grund des Ozeans zu tauchen, Fantasiewelten zu entdecken oder den Weltraum zu erkunden? Was nach einem bizarren Traum klingt, erwartet euch in virtuellen Abenteuern. Ausgerüstet mit einer VR-Brille habt ihr das Gefühl, nicht nur zuzuschauen, sondern mittendrin zu sein. Freut euch auf ein aufregendes Spielerlebnis, das ihr garantiert nicht so schnell vergessen werdet. Allerdings eignet sich das Abenteuer eher für etwas ältere Mitstreiter und Mitstreiterinnen. Auch wenn es keine allgemeine Altersempfehlung gibt, wird oftmals ein Mindestalter von 12 Jahren für virtuelle Erlebnisse empfohlen.

185. Den größten Eisbecher auf der Karte gemeinsam löffeln €
22 Kugeln, 15.000 Kalorien und ein halbes Kilo Früchte – dieser Eisbecher, der sich auf der Karte einer thailändischen Eisdiele befindet, rühmt sich damit, der größte der Welt zu sein. Wenn euch das doch zu viel ist und ihr nicht gerade plant, nach Thailand zu reisen, probiert es doch mal mit dem größten Eisbecher in eurer Stadt. Selbstverständlich kann es auch der größte Eisbecher auf der Karte eurer Lieblingseisdiele sein. Ihr seid ein paar mehr Familienmitglieder? Dann fragt doch nach einem Monster-Eisbecher mit einer Kugel von jeder Eissorte und schlemmt euch durchs Sortiment.

186. Eine Mottoparty veranstalten €€€
Egal ob Abschiedsparty, Silvester, Silberhochzeit oder Geburtstag: Einen Anlass zum Feiern gibt es immer. Eine Party, die euren Gästen noch lange in Erinnerung bleiben wird, ist eine Mottoparty. Was haltet ihr beispielsweise von einer Disney-Party? Von alten Klassikern wie Schneewittchen bis hin zu Frozen oder Ecanto ist für jede Generation ein passender Disney-Held dabei. Bei der Gestaltung der Dekoration, der Verköstigung und dem Abendprogramm könnt ihr eurer Kreativität freien Lauf lassen.

Noch mehr Beispiele für Mottopartys:
- 1920er-Jahre (alternativ ein anderes Jahrzehnt)
- Hawaii
- Black & White
- Altes Rom
- Casino
- Hollywood
- Rock 'n' Roll
- Oktoberfest
- Glamour
- 1001 Nacht
- Flower-Power
- Venezianischer Maskenball

187. In der Lokalzeitung erscheinen €
Sei es euer ehrenamtliches Engagement, ein außergewöhnliches Kreativprojekt oder ein Bericht über all eure großen und kleinen Bucket-List-Abenteuer: Mit Sicherheit bietet euer Familienleben genug Stoff für einen Bericht in eurer Lokalzeitung. Probiert es einfach aus und schlagt der Redaktion einen spannenden Artikel über euch vor.

188. So sehr lachen, bis ihr alle weint €
Lachen befreit, entspannt und sorgt für Glücksgefühle. Besonders lustig wird es, wenn ihr euch gemeinsam so sehr hineinsteigert dass euch vor Lachen die Tränen kommen.

189. An einem Flashmob teilnehmen €
Bei einem Flashmob verabredet sich eine Gruppe einander wildfremder Menschen, um die zufällig anwesenden Passanten mit ihrem verrückten Verhalten zu verwirren. Vielleicht wurdet ihr ja selbst schon einmal von solch einer plötzlichen Showeinlage überrascht. Beliebte Flashmobs sind spontane Tanz- oder Gesangseinlagen. Oder ein Freeze Mob, bei dem alle Teilnehmer und Teilnehmerinnen in ihren Bewegungen plötzlich einfrieren. An Infos für geplante Flashmobs zu kommen, ist nicht immer einfach. Haltet in den sozialen Medien die Augen offen oder gebt in Suchmaschinen eure Stadt (oder die nächstgrößere) und das Wort «Flashmob» ein. Ihr werdet nicht fündig? Dann werdet doch selbst Initiator oder Initiatorin!

190. Lotto spielen €
Die Wahrscheinlichkeit für einen Sechser im Lotto liegt bei 15.537.573 Mit Superzahl sogar nur bei 1:139.838.160. Aber vielleicht habt ihr ja Glück und könnt mit dem Gewinn eure Bucket-List-Kasse ordentlich füllen. Und falls nicht, habt ihr zumindest einmal gemeinsam mit Spannung der Ziehung der Lottozahlen entgegengefiebert.

191. Einen Straßenkünstler eine Karikatur von euch zeichnen lassen €€
Lust auf ein individuelles Familienporträt? Dann ab in die Fußgängerzone. Gerade in Touristenstädten warten unzählige Schnellzeichner und -zeichnerinnen darauf, eure Familie als witzige Karikatur auf Papier verewigen zu dürfen.

192. Lustige Unterwasserfotos machen €
Sowohl im Meer als auch im Pool können faszinierende Unterwasserbilder entstehen, vorausgesetzt, das Equipment stimmt. Eine teure Ausrüstung benötigt ihr hierfür allerdings nicht unbedingt. Analoge Einwegkameras für Unterwasserfotos gibt es schon für ca. 10 €. Ihr könnt euer Smartphone auch einfach in einen Unterwasserbeutel stecken (sofern es nicht sowieso schon wasserfest ist).

193. Mit einer Rikscha fahren €€
Lasst mal jemand anderen für euch strampeln! Ein schlechtes Gewissen braucht ihr hierbei nicht zu haben. Die meisten Fahrer und Fahrerinnen lieben nicht nur ihre Stadt, sondern auch ihren sportlichen Job an der frischen Luft. Ihr werdet von den Fahrern oder Fahrerinnen Geschichten erfahren, die man so nur von Einheimischen erfährt, und bewegt euch zudem völlig CO_2-neutral von A nach B.

194. Mit verbundenen Augen essen (Dark Dinner) €€€
Stellt euch vor, ihr kleckert und schlabbert und keinen stört es – was unter normalen Umständen unangenehme Blicke auf euch zieht, stört während eines Dark Dinners keine Menschenseele. Denn bei dieser Form des Restaurantbesuchs speist ihr in völliger Dunkelheit. Ein Kellner oder eine Kellnerin wird euch zu eurem Platz in dem bereits ganz abgedunkelten Restaurant führen. Ab dann gilt es, sich auf die anderen Sinneswahrnehmungen zu verlassen. Wo liegt etwa die Gabel? Sind andere Gäste in der Nähe? Was riecht hier so gut? Und ganz wichtig: Was esst ihr gerade eigentlich? Ohne euer

Augenlicht werdet ihr alle anderen Sinneseindrücke viel intensiver wahrnehmen. Ratet gemeinsam, was gerade auf eurem Teller liegt, und schaut, wer am Ende des Abends mit mehr Flecken auf der Kleidung nach Hause geht. Für Babys und Kleinkinder ist die ungewohnte Atmosphäre zwar nicht zu empfehlen, Kinder ab ca. sechs Jahren werden aber ihren Spaß haben.

Selbstverständlich könnt ihr auch zu Hause ein Dark Dinner veranstalten. Allerdings wird es dann etwas schwierig mit der Raumabdunkelung (oder aber ihr verbindet euch die Augen). Ein weiterer Nachteil: Saubermachen müsst ihr hinterher selbst.

195. Ohne Ziel mit öffentlichen Verkehrsmitteln fahren €

Kauft euch ein Tagesticket und dann kann es auch schon losgehen. Heute schaut ihr mal nicht auf Verbindungen und Umsteigezeiten. Denn wohin es euch am Ende verschlägt, ist noch völlig ungewiss.

Nehmt einfach den nächsten Zug, der kommt, steigt nach der fünften Haltestelle aus. Gefällt es euch hier nicht? Dann nehmt den nächsten Zug und fahrt weiter. Alternativ könnt ihr auch einer festen Systematik folgen (z. B. jeweils nach zwei Haltestellen aussteigen und den nächsten Zug nehmen) oder ihr überlasst die Entscheidung den kleinsten Teilnehmern in der Reisegruppe.
Was das Ganze soll? Der Alltag ist schon genug durchgetaktet und geplant. Wieso nicht einfach mal lediglich der Intuition folgen? Mitunter entdeckt ihr so unbekannte Ecken in eurer Stadt oder kommt in Gegenden, die ihr geplant nie erkundet hättet.

196. Im Publikum einer TV-Show sitzen €€

«Let's dance», «The Voice Kids» oder wie sie alle heißen – wenn ihr schon immer wissen wolltet, was bei Livesendungen in der Werbepause im Studio passiert oder was in den Ecken geschieht, auf die gerade keine Kameras gerichtet sind, dann besorgt euch Tickets für eine TV-Show. Diese sind meist günstiger, als ihr denkt, und oft alles andere als ausverkauft. Das Mindestalter variiert je nach Show. Gerade bei Shows, die im Nachmittagsprogramm laufen oder sich explizit an eine jüngere Zielgruppe richten, sind auch jüngere Zuschauer und Zuschauerinnen im Studio willkommen.

197. Abziehtattoos €
Echte Tattoos sind mittlerweile ziemlich gesellschaftsfähig geworden, aber natürlich nichts für zarte Kinderhaut. Und auch nicht jeder Erwachsene möchte ein Bild mit Tinte für ewig auf seiner Haut haben. Zum Glück gibt es die abwaschbare Variante des Körperschmucks, mit der ihr nur temporär zur lebenden Leinwand mutiert.

198. Von einer Sanddüne/einem Hügel rollen €
Es mag schon zu simpel klingen, um explizit einen Eintrag auf eurer Bucketlist zu finden? Aber wann seid ihr tatsächlich mal einen großen Hügel, einen Deich oder eine Sanddüne munter heruntergerollt?

199. Im Bett frühstücken €
Wie kann man besser in den Tag starten als mit einem gemütlichen Frühstück im Bett? Schließlich bestimmt die erste Mahlzeit des Tages nicht selten, wie der verbleibende Tag verlaufen wird. Damit nichts schiefgehen kann, verlegt das Frühstück diesmal einfach vom Küchentisch ins Bett. Frisch gestärkt und gut gelaunt habt ihr ausreichend Energie für die Abenteuer, die euch heute so erwarten.

200. Liefert euch eine wilde Kissenschlacht €
Wusstet ihr, dass es für Kissenschlachten eigens eine Meisterschaft und sogar einen internationalen Tag der Kissenschlacht gibt? Kein Wunder! Immerhin haben Kissenschlachten etwas Magisches an sich. Gerade haut ihr euch noch die Kissen um die Ohren, und schon im nächsten Moment liegt ihr allesamt lachend mit krampfenden Bäuchen auf der Matratze.

201. Im Duett Karaoke singen €
Ob «We are family» oder doch lieber ein deutsches Lied, bei Karaoke kommen alle auf ihre Kosten. Denn Singen macht Spaß und Musik ist der Stoff, aus dem die besten Partys sind. Zudem soll gemeinsames Musizieren das Zusammengehörigkeitsgefühl stärken. Wenn ihr euch dabei wie echte Superstars verkleidet, wird die Show perfekt. Und denkt dran, eure Gesangseinlage unbedingt auf Video festzuhalten.

Hier einige deutsch- und englischsprachige Karaoke-Klassiker:
- Steppenwolf – Born to be wild
- Lynyrd Skynyrd – Sweet Home Alabama
- Gloria Gaynor – I will survive

- Oasis – Wonderwall
- Udo Jürgens – Griechischer Wein
- Nena – 99 Luftballons
- Rolling Stones – Paint it black
- Matthias Reim – Verdammt, ich lieb' dich
- Coolio – Gangster's Paradise
- Opus – Live is Life
- Pur – Abenteuerland
- Queen – We are the Champions
- Abba – Dancing Queen
- Helene Fischer – Atemlos durch die Nacht
- DJ Ötzi – Anton aus Tirol

202. Im Bällebad abtauchen €

Abtauchen, reinspringen oder lediglich faul darin wälzen und dabei langsam versinken – Bällebäder sind einfach toll. Beim ausgiebigen Bad in den bunten Bällen könnt ihr ungehemmt miteinander toben, wilde Bälleschlachten veranstalten oder euch voreinander verstecken. Der Kauf eines gigantischen Bällebades wird sich für die wenigsten lohnen. Ein Nachmittag in einem Indoorspielplatz mit monströsem Bällebad hingegen ist ein Muss für eure Bucketlist.

203. «Euer» Lied finden €

Viele Paare haben ein gemeinsames Lied. Warum nicht auch ihr als Familie? Ein gemeinsames Lied, das euch verbindet und an schöne Momente erinnert. Gibt es vielleicht ein Lied, das ihr einen perfekten Sommer lang jedes Mal laut im Radio mitgeträllert habt? Oder ein Lied, dessen Text eine Bedeutung für euch hat? Ihr schafft es nicht, euch auf ein Lied festzulegen? Müsst ihr doch gar nicht! Wie wäre es, wenn ihr all eure Lieblingslieder auf einer gemeinsamen Familien-Playlist festhaltet?

204. Ein Lied im Radio wünschen €

Ihr habt «euer» Lied gefunden? Dann wünscht es euch doch einmal mit einer persönlichen Widmung im Radio. Auf den Websites der jeweiligen Sender gibt es zumeist ein Formular, in dem ihr euren Liedwunsch sowie eine Grußbotschaft hinterlassen könnt. Und dann heißt es: Radio an und Ohren spitzen.

205. Mit Morsezeichen verständigen €

Stellen wir uns kurz eine Zeit ohne Internet und ohne Telefon vor: Wie hättet ihr damals kommuniziert? Einen Brief schreiben? Schon möglich. Allerdings wäre euer Brief Tage, wenn nicht sogar Wochen unterwegs gewesen. Ziemlich unpraktisch, wenn es etwas Dringendes zu berichten gibt. Ihr könnt euch vorstellen, welch bahnbrechende Erfindung die elektrische Telegrafie war. Mithilfe des Morsealphabetes konnten Nachrichten, die zuvor noch Wochen unterwegs waren, innerhalb kürzester Zeit übermittelt werden.

Neugierig geworden? Das Morsealphabet ist gar nicht so schwer. Das übermittelte Signal ist stets das gleiche, es kommt nur auf die Länge (kurz oder lang) an. Die Signale lassen sich dann in Buchstaben übersetzen. So wird für den Buchstaben A etwa der Code «kurz-lang» (● ▬) verwendet. Das vermutlich bekannteste «Morsewort» ist das internationale Notsignal SOS. Dreimal kurz, dreimal lang, dreimal kurz: ● ● ● ▬ ▬ ▬ ● ● ●.

Um eine Nachricht mithilfe des Morsealphabets zu übermitteln, benötigt ihr übrigens keinen Morseapparat. Ihr könnt euch auch mit einer Taschenlampe, einer Pfeife, per SMS oder Zettel in der Brotbox verständigen. Solltet ihr euch für akustische Morsezeichen entscheiden, ist es am einfachsten, ihr notiert euch die Signale und übersetzt anschließend in aller Ruhe den Text.

206. Ein Baby-Spa besuchen €€

Beim Floating im warmen Salzwasser treiben lassen und anschließend bei einer Massage so richtig verwöhnen lassen – was nach einem entspannten Wellnesstag für Erwachsene klingt, ist auch Programm im Baby-Spa. Damit soll das emotionale und körperliche Wohlbefinden der Babys gefördert werden. Schließlich ist die Welt außerhalb des Mutterleibes ziemlich laut und hektisch. Ob diese Auszeit vom stressigen Leben als Neugeborenes sinnvoll oder überflüssiger Luxus ist, mag umstritten sein. Ihr werdet aber mit Sicherheit schnell merken, ob sich euer kleiner Wonneproppen wohlfühlt oder Wellness doch nicht so seins ist.

207. Eine Telefonzelle benutzen €

Ja, es gibt sie noch: die klassischen gelben Telefonzellen. Auch wenn sie in Zeiten von Handy-Flatrates mit unbegrenzten Freiminuten selten geworden sind. In einigen der ganz alten Häuschen kann man sogar noch mit alten D-Mark-Beständen zahlen. Für Kinder (und auch deren Eltern) ist es spannend, nachzuerleben, wie man zu Omas und Opas Zeiten von unterwegs aus telefoniert hat.

208. Bekleidet in einen Pool springen €

Normalerweise haben Alltagsklamotten nichts im Pool zu suchen. Eigentlich ... denn diesmal springt ihr alle zusammen samt (Sommer-)Kleidung ins kühle Nass.

209. Einen Feiertag erfinden €

Es gibt den «Tag der Currywurst» (04.09.), den «Tag des Kuschelns» (06.01.), den «Tag der Zahnfee» (22.08.), den «Tag des Papierfliegers» (26.05.) und sogar einen internationalen «Tag der Frustrationsschreie» (12.10.). Zeit für euren eigenen kuriosen, familieninternen Feiertag. Der perfekte Zeitpunkt, euch hierüber Gedanken zu machen, ist übrigens der 26. März, am «Erfinde-Deinen-eigenen-Feiertag-Tag».

210. Eine Höhle bauen und darin übernachten €

Gerade wenn das Wetter draußen nass, kalt und einfach nur usselig ist, möchte man sich – egal wie alt – am liebsten verkriechen. Eine gemütliche Höhle im Wohnzimmer bietet euch einen entspannten Rückzugsort, um zusammengekuschelt zu lesen, Filme zu schauen oder einfach nur zu entspannen. Noch spaßiger wird euer Höhlenprojekt, wenn ihr gemeinsam darin übernachtet. Dementsprechend groß muss natürlich eure Höhle sein. Wie sie letztlich aussieht, hängt von eurer Ausrüstung und eurer Kreativität ab.

Einige Materialien, die euch beim Bau helfen können:
- Wäscheklammern
- Bettlaken
- Kissen
- Eine lange Schnur
- Kissen
- Felle
- Decken

 **Tipp:** Da es in der Höhle stockdunkel werden kann, plant am besten eine Beleuchtung ein, etwa eine Lichterkette, eine LED-Kerze oder eine Taschenlampe.

211. Fleischfressende Pflanze bei der Jagd beobachten €

Normalerweise fressen Tiere Pflanzen, und nicht umgekehrt. Fleischfressende Pflanzen sind eine Ausnahme und üben daher sowohl auf Kinder als auch auf Erwachsene eine große Faszination aus. Lasst ein Pflänzchen bei euch einziehen und beobachtet gemeinsam, wie es auf Beutezug geht, wie lange es zum Verdauen benötigt oder welche Insekten in seine Falle geraten. Je nach Art gehen die verschiedenen Pflanzen bei der Jagd durchaus unterschiedlich vor: Während die Venusfliegenfalle mit ihren Klappblättern zuschnappt, windet der Sonnentau seine klebrigen Fangarme um seine Beute.

212. Ein Wettessen veranstalten €

Üblicherweise zeugt es nicht gerade von guten Tischmanieren, das Essen herunterzuschlingen. Und gesund ist das Ganze mit Sicherheit auch nicht. Allerdings wäre es doch mal interessant, der Frage nachzugehen, wer von euch am schnellsten eine Kugel Eis verputzen kann.

213. Einen coolen Handschlag ausdenken €

Zur Begrüßung sagt man «Hallo» und schüttelt sich – in Nicht-Pandemiezeiten – die Hand. So weit, so klar. Doch es geht auch weniger förmlich und ungleich cooler, mit einem selbst ausgedachten Handschlag. Jede Wette, dass ihr euch mit eurem persönlichen High Five noch mehr auf das Wiedersehen freut.

214. 24 Stunden ohne Smartphone verbringen €

Ihr habt das Gefühl, die jeweils anderen Familienmitglieder sind zu oft am Smartphone, oder ihr bemerkt diese Unart auch bei euch selbst? Dann sagt gemeinsam «Stopp» zur virtuellen Welt und «Hallo» zu mehr Familienzeit und Achtsamkeit im Hier und Jetzt. Lasst bei eurer nächsten Unternehmung das Mobilgerät zu Hause oder macht eine kleine Challenge daraus, wer es am längsten ohne Smartphone schafft.

215. Mit einem Oldtimer von der Schule abholen €€€

Ford Mustang, Chevrolet, Cadillac oder doch ein Käfer – welchem Oldtimer werft ihr auf der Straße immer bewundernde Blicke zu? Wie wäre es, wenn Mama und Papa das Traumauto für einen Tag mieten, einen Picknickkorb packen und den Nachwuchs anschließend stilecht von der Schule abholen?

216. In umgekehrter Reihenfolge essen €

Wer kennt es nicht: Vor euch steht ein saftiges Stück Schokokuchen, aber ihr bekommt beim besten Willen keinen Bissen mehr herunter, weil ihr euch schon beim Hauptgang die Bäuche vollgeschlagen habt. Aber heute nicht! Damit der Hunger bei der süßen Komponente nicht auf der Strecke bleibt, macht ihr mal eine Ausnahme und verzehrt euer Menü in umgekehrter Reihenfolge. Zuerst das Dessert, dann die Hauptspeise und wenn noch Platz ist die Vorspeise. Optional könnt ihr das Spielchen auch auf alle Tagesmahlzeiten ausdehnen. Dann gibt es das Abendbrot zum Frühstück und abends eine Portion Müsli oder Rührei mit Speck.

216. Einen Spielemarathon veranstalten €

Ein Spieletag ist eine tolle Möglichkeit, wertvolle und intensive Zeit mit der ganzen Familie zu verbringen. Neben Eltern und Kindern ladet doch auch Oma, Opa, Onkel, Tante, oder wer sonst noch Lust hat, ein und bestellt euch eine riesige Familienpizza. Damit das gemeinsame Spielen auch jedem Spaß macht, orientiert euch bei der Auswahl der Spiele am Alter des jüngsten Spielers bzw. der jüngsten Spielerin. Klassiker wie «Memory», «Mensch ärgere dich nicht», «Tempo kleine Schnecke», «Hase und Igel» oder «Lotti Karotti» sorgen für generationsübergreifenden Spielspaß.

 **Tipp:** In Büchereien könnt ihr nicht nur Bücher ausleihen, sondern auch Gesellschafts- und Brettspiele. So könnt ihr euch günstig nach Herzenslust durch Neuheiten und Spieleklassiker durchtesten.

217. Versteckenspielen im Dunkeln €

Verstecken ruft bei euch nur ein müdes Gähnen hervor? Wenn ihr den Spieleklassiker einfach schon zu oft gespielt habt und alle Geheimverstecke in eurem Zuhause in- und auswendig kennt, probiert doch mal eine neue Variante: Versteckenspielen im Dunkeln. Das Spiel geht ganz einfach: Ein Familienmitglied verlässt den Raum. Die anderen haben Zeit, sich blitzschnell zu verstecken. Dann knipst einer von euch das Licht aus und der Suchende darf in den Raum kommen und muss die anderen suchen. Wenn ihr mögt, könnt ihr euch auch darauf verständigen, dass alle zeitgleich ein kurzes Geräusch von sich geben. Und los geht's. Gewinner oder Gewinnerin ist, wer das beste Versteck hat und zuletzt gefunden wird. Wichtig: Wer ein Versteck gefunden hat, darf es nicht mehr verlassen. So vermeidet ihr auch unbeabsichtigte Zusammenstöße.

218. Riesengroße Seifenblasen machen €

Normale Seifenblasen … pfft, kann jeder. Viel spaßiger wird es mit Riesenseifenblasen. Mit Stöcken und Baumwollkordeln könnt ihr euer Equipment selbst herstellen. Und auch für die XXL-Seifenblasenflüssigkeit gibt es online diverse Geheimrezepte.

219. Beim Pub-Quiz als Team antreten €€

Als Team ist eure Familie unschlagbar? Dann stellt euer geballtes Wissen bei einem Pub-Quiz unter Beweis und zeigt den gegnerischen Mannschaften, was in euch steckt. Die Siegesprämie könnt ihr dann prima zur Finanzierung der weiteren Punkte auf eurer Bucketlist nutzen.

Anmerkung: Für diese Idee sollten alle Beteiligten ein Alter erreicht haben, in dem zu entsprechender Uhrzeit Bars besucht werden dürfen.

220. Für eine Familien-Realityshow bewerben €

Schaut mal auf die Webseiten der einschlägigen Sender. Für welches trashige Format werden aktuell wieder Familien gesucht? Natürlich wollt ihr nicht wirklich teilnehmen (oder vielleicht doch?), aber macht euch einen Spaß daraus, die Bewerbung auszufüllen und zu schauen, ob eure Familie verrückt genug ist, um in die nähere Auswahl zu kommen.

KULTUR

Ob architektonische Höhepunkte, Konzerte oder Museen – erweitert gemeinsam euren Horizont und legt dabei eventuell das ein oder andere Vorurteil ab. Kultur lässt euch die Welt aus neuen Blickwinkeln betrachten. Hiervon profitieren im Besonderen die Jüngsten im Bunde. Denn Kinder haben ihre ganz eigene Herangehensweise an Kultur. Sie ermöglicht es ihnen, Traditionen, Werte und unterschiedliche Perspektiven zu erleben. Die Auseinandersetzung mit Kultur kann außerdem – nicht nur Kindern – helfen, unbekannte Stärken und Fähigkeiten an sich zu entdecken.

222. Ins Autokino fahren €€
Ein Besuch im Autokino ist die perfekte Mischung aus bewährtem Kinoerlebnis und einer kleinen Zeitreise. Alles, was ihr dafür benötigt, ist ein fahrbarer Untersatz, ein Autoradio oder euer Smartphone. Und das Beste: Ihr dürft euch eure eigenen Getränke und Snacks mitbringen. Wie wäre es im Winter mit einem warmen Kakao oder im Sommer mit eurer Lieblingslimo in einer Kühlbox? Perfekt, oder? Der einzige Haken: Die Sicht von der Rückbank ist durch die Vordersitze beschnitten. Ein Besuch mit mehr als zwei Familienmitgliedern in einem Auto ist daher schwierig.

223. Ein Marionettentheater besuchen €€
Ob «Urmel aus dem Eis», «Jim Knopf» oder «Gut gebrüllt, Löwe» – einige Stücke der Augsburger Puppenkiste haben längst Kultstatus erreicht. Vielleicht kennt ihr das Puppenspiel bereits aus dem Fernsehen. Noch faszinierender ist es, die Puppenspieler oder -spielerinnen live in Aktion zu sehen. Kleinere Marionettentheater gibt es in ganz Deutschland. Lasst euch von den sagenhaften Märchen, den kunstvollen Bühnenbildern und den liebevoll hergestellten Puppen verzaubern.

224. Ein Babykonzert besuchen €€
Babys und laute Musik? Beides scheint im ersten Moment nicht zusammenzupassen. Die Veranstaltungsbranche hat diese Marktlücke mittlerweile für sich entdeckt. Babykonzerte erlauben jungen Eltern, (klassische) Konzerte zu besuchen und ihr Kind mitzunehmen (https://babykonzert.de). Möglich machen es babyfreundliche Uhrzeiten, eine moderate Lautstärke, kurzweilige Veranstaltungen und Spielmöglichkeiten. Studien zufolge

beruhigt und fördert klassische Musik die Babys. Eltern können so am kulturellen Leben teilhaben, ohne Angst zu haben, dass das Baby andere Konzertbesucher oder Konzertbesucherinnen stört. Und die Kleinen sammeln jede Menge neue Höreindrücke oder schlummern entspannt in Mamas oder Papas Armen.

225. Eine Vorstellung im Kinderwagenkino sehen €€

Ihr habt kürzlich Zuwachs bekommen und Lust auf Kino? Was nach einem Widerspruch in sich klingt, ist im Kinderwagenkino kein Problem. Denn Babys dürfen mit. Mehr noch: Das Ambiente richtet sich ganz nach den Bedürfnissen der jungen Kinobesucher und -besucherinnen. Die Lautstärke ist reduziert, der Saal ist barrierefrei und leicht beleuchtet. Ein Wickeltisch sowie Platz für den Kinderwagen sind vorhanden. Während die Eltern einen Film schauen oder sich mit anderen Eltern austauschen, können die Kleinen schlafen, durch den Saal krabbeln oder auf einer mitgebrachten Decke spielen.

226. Auf einem Ball tanzen €€€

Ein Ball ist immer mit einem ganz besonderen Ereignis verbunden. Meist ist es der Abtanzball der Tanzschule oder der Abschlussball nach bestandenem Schulabschluss, der ein emotionaler Moment für jeden Elternteil ist. Wenn das eigene Kind bei solch einem rauschenden Fest glamourös gekleidet Mama oder Papa zum Walzer auffordert, bleibt sicher kein Auge trocken. Vorher geht es für die Eltern aber noch in den Elterntanzkurs, um bei Rumba und Co. mithalten zu können.

227. Ein Kunstmuseum besuchen €€

Für Kunst habt ihr euch bislang so gar nicht begeistern können? Dann probiert es gemeinsam doch noch einmal. Begebt euch entweder auf eigene Faust ins Museum oder noch besser: Bucht eine Führung, bei der ihr mehr über die Hintergründe der Künstler und Künstlerinnen und ihre Werke erfahrt. Einige Museen bieten sogar extra Familienführungen an, welche die Teilnehmer und Teilnehmerinnen generationsübergreifend ansprechen sollen.

228. Ins Theater gehen €€

Warum ins Theater gehen, wenn die Special Effects im Kino viel mehr Wumms haben? Guter Einwand! Um es kurz zu machen: Theater ist live! Theater muss nicht teuer sein! Theater ist gesellschaftskritisch! Und zu guter Letzt: Theater ist etwas für jeden! Auch für Kinder! Denn es muss nicht immer harte Kost wie Schillers «Don Karlos» in Originalsprache sein. Für kleinere Kinder gibt es das Kindertheater. Die Aufführungen sind ideal, um erste Theatererfahrung zu sammeln. Für Schulkinder kann es spannend sein, Stücke, die sie aus dem Deutschunterricht kennen, auf der Bühne interpretiert zu sehen. Nehmt euch nach der Aufführung die Zeit und sprecht über das, was ihr gesehen habt. So könnt ihr überlegen, was ihr anstelle der Figuren gemacht hättet, wie die Geschichte weitergehen könnte oder ob ihr euch ein anderes Ende gewünscht hättet.

229. Eine Oper ansehen €€€

Opernbesuche stehen bei den wenigsten Familien hoch im Kurs. Zu teuer, zu langatmig und zu elitär, das sind nur einige der gängigen Vorurteile. Besonders Oper und Kinder scheinen nicht so recht zusammenzupassen. Doch oft wird das Interesse von Kindern für die klassische Musik unterschätzt. Wie wäre es, wenn ihr als Familie der Oper eine Chance gebt und euch gemeinsam eine Inszenierung anschaut? Perfekt für den Einstieg in die Welt der Opern sind Kinderopern. Hierbei handelt es sich um kindgerechte Bearbeitungen bekannter Werke wie Mozarts «Zauberflöte» oder «Der fliegende Holländer» von Richard Wagner. Die Inszenierungen für kleine Leute sind kürzer und enthalten deutlich mehr Dialoge. Auch wenn es euch nicht gefällt, hinterher seid ihr um eine Erfahrung reicher.

230. Ein skurriles Museum besuchen €€

Auch wenn Museen nicht so euer Ding sind, bei diesen verrückten Sammlungen überlegt ihr es euch sicher noch einmal anders:

- Gießkannenmuseum in Gießen
- Bananenmuseum in Sieksdorf
- Nachttopfmuseum in Wasbüttel
- Schnarchmuseum in Langeholzen
- Dackelmuseum in Passau
- Fingerhutmuseum in Creglingen
- Top Secret Museum in Oberhausen
- Deutsches Currywurst Museum in Berlin
- Schokoladenmuseum in Köln

231. Ein Musical besuchen €€€
Ja, Musicals sind teuer, besser gesagt: sogar ziemlich teuer, insbesondere für Familien. Wenn ihr aber einmal in einem Musical wart, werdet ihr verstehen, warum: Ein spektakuläres Bühnenbild, gepaart mit schillernden Kostümen und tollen Stimmen, sorgt für emotionale Wow-Momente, die euch in eine andere Welt entführen. Für jüngere Kinder sind Disney-Klassiker wie «König der Löwen», «Aladdin» oder «Tarzan» ein unvergessliches Musical-Abenteuer. Kleine Elsa- und Olaf-Fans werden beim «Eiskönigin»-Musical in Hamburg völlig aus dem Häuschen sein.

232. Ein Varieté besuchen €€€
Das Varieté ist eine bunte Mischung aus Musik, Comedy und Artistik. Ihr sitzt in einem großen Saal an einem Tisch, wo euch, je nach gebuchter Kategorie, Speisen und Getränke serviert werden. Währenddessen vollführen Akrobaten und Akrobatinnen, Bauchredner und Bauchrednerinnen, Sänger und Sängerinnen u. v. a. m. ihre facettenreichen Showeinlagen.

233. Einen Poetry-Slam besuchen €€
Ein Poetry-Slam ist ein Dichterwettstreit, bei dem Künstler oder Künstlerinnen auf der Bühne mit selbst geschriebenen Texten gegeneinander antreten. Klingt altbacken, ist es aber ganz und gar nicht. Die unterhaltsamen Texte dürfen nämlich auch gerappt, gesungen oder geflüstert werden. Die Jury seid ihr. Der Slammer oder die Slammerin mit dem lautesten Applaus ist eine Runde weiter.

234. Eine Ballettaufführung besuchen €€€
Zauberhafte Melodien, elegante Tänzer und Tänzerinnen sowie fesselnde Geschichten: Ballettaufführungen ziehen Zuschauer und Zuschauerinnen aller Altersgruppen in ihren Bann. Besonders in der Weihnachtszeit werden vielerorts Inszenierungen von «Der Nussknacker» – auch als Kinderballett – aufgeführt. Lasst euch von tanzenden Rohrflöten, einem Mäusekönig, einer Zuckerfee und natürlich einem Prinzen in eine traumhafte Fantasiewelt entführen.

235. Ritterfestspiele besuchen €€
Was früher ein Kampf um Ehre und Ansehen war, ist heute eine beliebte Veranstaltung für Mittelalterfans und Familien. Neben dem eigentlichen Ritterturnier bieten Händler und Händlerinnen verschiedener Zünfte ihre Waren an. Deftiges Essen zur Stärkung gibt es inklusive. Gaukler und Spielleute sorgen für die passende Atmosphäre. Perfekt, um für einen Tag ins «dunkle» Mittelalter abzutauchen.

236. Ein Wachsfigurenkabinett besuchen €€€

Lady Gaga, Manuel Neuer, Heidi Klum und Capital Bra unter einem Dach – wann hat man schon mal die Chance auf ein Selfie mit gleich mehreren Prominenten. Im Wachsfigurenkabinett werden mit viel Hingabe zum Detail aus Wachs modellierte berühmte Persönlichkeiten aus Sport, Politik, Musik oder Kultur ausgestellt. Das Beste: Keiner von ihnen ist sich zu schade für eine ausgiebige Fotosession mit euch. Neben aktuellen Persönlichkeiten trefft ihr, je nach Kabinett, auch historische Personen wie Shakespeare, Albert Einstein, Wolfgang Amadeus Mozart, Marlene Dietrich oder Bertold Brecht. Die große Auswahl an unterschiedlichsten Persönlichkeiten macht den Besuch für eure ganze Familie zum interessanten Erlebnis.

237. Einem Krampuslauf beiwohnen €

In der Adventszeit jagen die unheimlichen Krampusse durch süddeutsche Altstädte. Während die braven großen und kleinen Kinder vom Nikolaus beschenkt werden, werden die unartigen vom Krampus bestraft. Dieser tritt traditionell am Vorabend des Nikolaustages am 6.12. als dämonische Gestalt mit Hörnern, einer Fratzenmaske und Fellen in Erscheinung. Er kündigt sich schon lange vorher mit lauten Schellen an. Ein Spektakel, das ihr mal gesehen haben müsst!

Wichtig: Der Krampus ist vor allem für kleinere Kinder ein angsteinflößender Geselle. Ob und ab welchem Alter Kinder mit dem Krampus konfrontiert werden können, ist individuell zu entscheiden. Eins sollte den Kindern allerdings gesagt werden: Der furchteinflößende Krampus gebärdet sich zwar wild, muss jedoch dem gütigen Nikolaus gehorchen!

238. Im Open-Air-Kino einen Film unter freiem Himmel schauen €€

Was gibt es Schöneres, als an einem warmen Sommertag mit der ganzen Familie einen Film unter freiem Himmel zu schauen? Entweder ihr habt mit Leinwand und Beamer zu Hause die Möglichkeit oder ihr besucht eines der zahlreichen Open-Air-Kinos, die im Sommer wie Pilze aus dem Boden sprießen. Schaut euch ruhig etwas um. Open-Air-Kinos sind so unterschiedlich wie die Auswahl im Pralinengeschäft. Während einige Kinos den ganzen Sommer über Programm zeigen, sind andere nur an wenigen Abenden geöffnet. Die Kulissen reichen von Hinterhöfen bis hin zum Strand stillgelegten Industriedenkmälern oder Schlössern.

239. Eine Gedenkstätte besuchen €€

Gedenkstätten sind Zeugen der Vergangenheit. Gleichzeitig sollen sie uns ein Mahnmal für die Zukunft sein. Ein Besuch in einer Gedenkstätte vermittelt ein beklemmendes Gefühl. Die ehemaligen Gefängnisse, Konzentrationslager oder anderen historischen Orte stehen schließlich mit grauenhaften Geschehnissen in Verbindung. Allerdings sind sie auch ein wichtiger Lernort, der ein viel greifbareres Bild vermittelt als Texte und Bilder in Geschichtsbüchern.

Ab welchem Alter der Besuch geeignet ist, hängt von der jeweiligen Gedenkstätte ab. So empfehlen die KZ-Gedenkstätten Buchenwald, Dachau und Auschwitz den Besuch erst ab 13 bzw. 14 Jahren. Auch die Gedenkstätte Point Alpha, ein ehemaliges US-Camp, und die Gedenkstätte Wannsee-Konferenz richten sich mit ihren Bildungsangeboten an Schülerinnen und Schüler ab Klasse 9.

240. Eine Spielemesse besuchen €€

Brettspiele sind voll euer Ding? Dann ist die SPIEL in Essen ein wahres Mekka für euch. Auf der weltweit größten Publikumsmesse für Spiele könnt ihr euch umfassend über aktuelle Neuheiten auf dem Spielemarkt informieren. Ob Strategie-, Abenteuer-, Fantasy-, Kinder- oder Computerspiele – für jede Person ist etwas dabei. Und das Beste: Ihr könnt sie vor Ort an langen Spieltischen einem ausführlichen Test unterziehen.

MIT TIEREN

Haustiere stehen auf der Wunschliste vieler Kinder ganz oben. Sie sind beste Freunde, Seelentröster und Spielkamerad in einem. Doch nicht immer ist ein eigenes Haustier möglich. Es gibt aber zahlreiche Alternativen, in Kontakt zu (Wild-)Tieren zu kommen und mehr über sie zu erfahren.

Hinweis: Tiere sind nicht zu unserem Vergnügen auf der Welt. Die folgenden Vorschläge enthalten daher keine Erlebnisse mit Tieren in der Unterhaltungsindustrie, wie etwa Delfinshows, Stierkampf, Pferderennen, Elefantenreiten oder Kutschfahrten in Touristenstädten. Vielmehr sollen die Vorschläge eine Anregung sein, Tiere zu beobachten und zu lernen, Respekt vor ihnen zu haben. Selbstverständlich obliegt es eurem Ermessen, welche Erlebnisse No-Gos für eure Bucketlist sind und welche Erlebnisse mit Tieren auf eurer Bucketlist landen dürfen.

241. Ein Igelhaus bauen €

Igel benötigen im Winter einen Unterschlupf, in dem sie ihren Winterschlaf halten können – am besten einen großen Laubhaufen. Leider sind solche natürlichen Behausungen in Städten rar. Wer also in seinem Garten nicht komplett aufräumt, sondern einen Haufen aus Laub und Ästen liegen lässt, lädt die stacheligen Vierbeiner zum Überwintern ein. Wenn ihr mögt, könnt ihr aber auch zusätzlich ein Igelhäuschen aufstellen. Diese sind so konstruiert, dass Fressfeinde wie Marder oder Luchse nicht eindringen können. Anleitungen hierzu findet ihr im Internet. Wichtig ist allerdings (auch wenn ihr neugierig seid), dass ihr die Igel in ihrem Quartier nicht mehr stört. Aber auch wenn ihr euren stacheligen Freund im Garten nicht viel zu Gesicht bekommt, werdet ihr viel über Igel und ihre Lebensweise lernen.

242. Vögel beobachten €

Werdet gemeinsam zum Hobby-Ornithologen (dies ist der Fachbegriff für Vogelkundler und Vogelkundlerinnen). Was ihr hierfür benötigt: ein gutes Fernglas, ein Bestimmungsbuch oder eine -App und einen frühen Wecker. Die beste Zeit für Vogelbeobachtungen ist der Frühling. Dann sind die Vögel unermüdlich im Einsatz. Reviere werden verteilt, Paare gebildet, Nester gebaut und der Nachwuchs versorgt. Am Anfang kann es ganz schön knifflig sein, die Art zu bestimmen. Je mehr ihr euch mit dem Lebensraum, dem Aussehen und den Rufen vertraut macht, umso leichter werdet ihr Vögel wiedererkennen.

243. Mit Alpakas wandern €€

Alpakas sind bekannt für ihr sanftes Verhalten und ihre beruhigende Wirkung auf Menschen. Nicht ohne Grund werden sie auch als Therapietiere eingesetzt. Dennoch solltet ihr wissen: Alpakas sehen mit ihrem flauschigen Fell und den Kulleraugen zwar süß aus, sind aber keine Kuscheltiere. Wenn es ihnen zu bunt wird, spucken sie wie ihre größeren Artgenossen – die Lamas. Aber keine Sorge: Das kommt eher selten vor.

Bevor ihr mit fachkundiger Begleitung eure Wanderung startet, erhaltet ihr eine umfassende Einweisung. Die Touren dauern je nach Anbieter ca. 1-3 Stunden. Abhängig vom Alter können Kinder ein Alpaka allein oder gemeinsam mit einem Erwachsenen führen. Eine sehr verantwortungsvolle Aufgabe für die Kleinen und ein Highlight für die Großen, ihnen dabei zuzusehen. Macht euch darauf gefasst, dass die friedlichen Andentiere bei der Wanderung den Ton angeben. Drängeln ist nicht. Die Tiere setzen sich gerne hin oder bleiben stehen, wenn ihnen danach ist.

244. Mit Eseln wandern €€

Esel gelten als störrisch und bissig. Dies ist ein weitverbreiteter Irrglaube, denn Esel sind ganz wunderbare Weggefährten. Sie sind lediglich sehr vorsichtig und inspizieren ihre Umwelt genau, was ihnen häufig als Sturheit ausgelegt wird. Wenn ihr euch bei einer gemeinsamen Wanderung auf die sympathischen Langohren einlasst, werdet ihr schnell merken, welch liebe und intelligente Tiere sie sind.

245. Eine Kuh melken €

Wie schmeckt eigentlich frische Milch? Eine Frage, der ihr auf den Grund gehen könnt, wenn ihr selbst einmal Hand anlegt. Viele (Bio-)Bauernhöfe, auf denen ihr Urlaub machen könnt, ermöglichen ihren Gästen, eine Kuh zu melken. Unter Anleitung des Bauern oder der Bäuerin lernt ihr die richtige Melktechnik. Ihr werdet merken: Es ist ziemlich kräftezehrend, ein paar Tropfen Milch zu melken.

246. Auf Whalewatching-Tour gehen €€€

Eine riesige Walflosse in den Ozean eintauchen zu sehen oder ein Kalb bei seinen Sprüngen zu beobachten, sind ganz besondere Naturmomente, erst recht, wenn ihr sie gemeinsam erlebt. Experten und Expertinnen an Bord erklären euch zudem, welche Arten in der Region leben, wie ihr sie erkennt und wodurch sie bedroht sind. Orte, an denen ihr die Meeresgiganten live erleben könnt, gibt es u. a. in den USA, Kanada, auf den Azoren, in Norwegen, Neuseeland, Südafrika oder Island.

Wichtig: Whalewatching ist ein Millionengeschäft, in dem es leider auch viele «schwarze Schafe» gibt. Informiert euch daher unbedingt vorher über den jeweiligen Anbieter. Dabei helfen euch die Checkliste des WWF oder Bewertungen von Teilnehmern und Teilnehmerinnen.

247. Einen Gnadenhof besuchen €

Ein Gnadenhof (auch «Lebenshof» oder «Tierasyl» genannt) nimmt Tiere mit einer traurigen Lebensgeschichte auf. Hier leben etwa Nutztiere, die vor der Schlachtung gerettet wurden, Wildtiere, die nicht mehr ausgewildert werden können, oder misshandelte Tiere. Der Unterschied zum Tierheim ist der, dass die Tiere nicht mehr weitervermittelt werden. Stattdessen verbleiben sie dort bis zu ihrem Lebensende. Sie müssen keinen Nutzen mehr erbringen. Stattdessen werden sie fürsorglich gepflegt und möglichst artgerecht gehalten. Gnadenhöfe sind aber auch Lernorte für Kinder und Erwachsene. Neben Führungen und Festen finden dort Workshops sowie (vegane oder vegetarische) Kochkurse statt.

Ihr möchtet die Tiere in Not über euren Besuch hinaus unterstützen? Oft ist dies schon ab einem geringen monatlichen Betrag von etwa 10 € möglich. Ihr schließt eure Patenschaft entweder für ein ausgewähltes Patentier, eine Tiergruppe oder alle dort lebenden Tiere ab.

248. Reiten €€

Wie sagt man so schön: Alles Glück der Erde liegt auf dem Rücken der Pferde! Inwiefern ihr dieser Aussage zustimmt, findet ihr am besten heraus, wenn ihr euch selbst einmal in den Sattel schwingt. Bei einem Ausflug auf einen Reiterhof und einer Schnupperstunde lernt ihr die Pferde, den Stall und das ganze Drumherum kennen. Und wer weiß, vielleicht entwickelt sich aus eurem Ausflug ein (gemeinsames) Hobby.

249. Glühwürmchen beobachten €

Habt ihr schon mal einen leuchtenden Wald gesehen? Nein? Dann wird es Zeit. Hinter diesem beeindruckenden Lichtphänomen stecken Glühwürmchen, die mit ihren frivolen Leuchtmustern auf Paarungssuche sind. Wer Glühwürmchen in Aktion sehen will, muss dahin gehen, wo es so richtig dunkel ist. Am besten in den Wald oder in einen abgelegenen Park. Gute Chancen, einen Blick auf die kleinen Fackelträger zu erhaschen, habt ihr kurz nach Anbruch der Dunkelheit in den Sommermonaten Juni, Juli und August.

REISEN

Gemeinsam die Welt entdecken – kann es etwas Schöneres geben, als gemeinsam fremde Kulturen kennenzulernen, Weltwunder zu bestaunen oder auf die unendliche Weite des Ozeans zu schauen? Vermutlich werden auf eurer Bucketlist daher auch gemeinsame Reiseziele eine wichtige Rolle spielen. Alle sehenswerten Reiseziele dieser Welt aufzulisten, würde den Rahmen dieses Buches mehr als sprengen. Ein paar ausgewählte Tipps haben es aber doch in die Bucket-List-Vorschläge geschafft.

ALLGEMEIN

250. Wwoofing €€€

WWOOF, was? Hinter dieser nach Hundelauten klingenden Abkürzung, die für «World wide Opportunities on Organic Farms» steht, verbirgt sich eine Organisation, die Biobauernhöfe mit Menschen zusammenbringt, die gegen Kost und Logis ein wenig anpacken wollen. Für Familien, die das Landleben kennenlernen wollen und zudem auf eine nachhaltige Lebensweise Wert legen, ist Wwoofing eine spannende Alternative, die Ferien zu verbringen. Ihr spart nicht nur Geld, sondern lernt auch eine Menge über den Anbau von Lebensmitteln, (artgerechte) Tierhaltung und einen nachhaltigen Lebensstil. Zudem entsteht ein enger Austausch mit eurem Gastgeber bzw. eurer Gastgeberin, der euch normalerweise verwehrt bleibt. Die Aufgaben variieren je nach Land und Ausrichtung der Höfe stark. So kann eure Aufgabe darin bestehen, einen Kräutergarten in Schuss zu halten, Oliven zu ernten, Tiere zu versorgen oder im Hofladen auszuhelfen.

Das Angebot richtet sich ausdrücklich an Freiwillige aller Altersgruppen – auch an Familien! Auch wenn ihr nicht schwer arbeiten könnt oder kleine Kinder beaufsichtigen müsst, gibt es im weltweiten Netzwerk (*http://wwoofinternational.org*) passende Farmen, die explizit auch Kinder aufnehmen.

251. Weiße Weihnachten feiern €€€

In den meisten Gegenden in Deutschland sind weiße Weihnachten eine sehr seltene Ausnahme. Wenn ihr nicht gerade zu den Glücklichen zählt, weicht doch einmal von eurer üblichen Weihnachtsroutine ab und erlebt weiße Weihnachten. Orte mit Schneesicherheit gibt es neben Klassikern wie Lappland, Island oder Kanada auch in Alpenregionen.

252. Weihnachten am Strand feiern €€€

Wer sagt, dass es an Weihnachten immer klirrend kalt und usselig sein muss? Wie wäre es stattdessen mal mit etwas Abwechslung, mit Weihnachten im Warmen? Vielleicht sind die Weihnachtstage mit viel Sonne und sommerlichen Temperaturen ja genau euer Ding.

Hier einige Ideen für euer Weihnachtsfest unter Palmen:
- Kanarische Inseln
- Florida
- Ägypten
- Sri Lanka
- Dubai
- Dominikanische Republik
- Thailand
- Kap Verde
- Bali

253. Silvester in einer anderen Zeitzone feiern €€€

Der Jahreswechsel ist ein aufregendes Ereignis. Man darf länger aufbleiben, es gibt ein großes Feuerwerk und alle sind in festlicher Stimmung. Wie wäre es, die letzte Nacht des Jahres einmal mit einem Familienurlaub zu verbinden? Besonders faszinierend wird es, wenn ihr Silvester nicht nur in einer anderen Umgebung, sondern auch zu einer ganz anderen Zeit feiert als die Daheimgebliebenen.

Wie wäre es zum Beispiel mit:
- Auckland (12 Stunden früher)
- Sydney (10 Stunden früher)
- Tokio (8 Stunden früher)
- Malediven (4 Stunden früher)
- Istanbul (2 Stunden früher)
- Athen (1 Stunde früher)

- London (1 Stunde später)
- Rio de Janeiro (4 Stunden später)
- New York (6 Stunden später)
- Los Angeles (9 Stunden später)

254. Urlaub auf dem Hausboot €€€

Ahoi, die See ruft! Ein Hausboot ist Hotel und Fortbewegungsmittel zugleich. Auf einer schwimmenden Unterkunft ist euch ein Logenplatz am Wasser jederzeit gewiss. Stellt euch vor, wie ihr abends den Sonnenuntergang über dem See bestaunen oder ins kühle Nass abtauchen könnt – wann immer ihr wollt. Am Steuer sitzen, Kapitän oder Kapitänin spielen, beim Schleusen mithelfen – das ist Abenteuer pur. Was zu schön klingt, um wahr zu sein, ist in vielen Regionen, zum Beispiel an der Mecklenburgischen Seenplatte, sogar ohne Bootsführerschein möglich; vorausgesetzt, das Boot überschreitet nicht eine Länge von 15 Metern und eine Höchstgeschwindigkeit von 12 km/h.

255. Einen Roadtrip machen €€€

Rein ins Auto, Playlist an und los geht's. Wohin? Völlig unwichtig, solange ihr so mutig seid, einmal nicht der schnellsten Route zu folgen, die euch Google Maps vorschlägt. Bei einem Roadtrip ist die Route nur grob oder gar nicht geplant. Die Devise lautet, spontan zu sein und auch mal abseits der großen Sehenswürdigkeiten zu verweilen. Ein Roadtrip lebt davon, ohne Zeitdruck auch die Ecken eines Landes zu erkunden, die nicht so überlaufen und aus touristischer Sicht eher unbekannt sind. Auch wenn Spontaneität und Freiheit charakteristisch für Roadtrips sind, ist für Familien ein wenig Planung dennoch sinnvoll. Denn je nach Region kann es in der Ferienzeit schwierig werden, spontan Hotels zu finden, besonders wenn ihr gleich mehrere Zimmer benötigt. Es bietet sich daher an, die Route zumindest grob zu planen und die Unterkunft für die erste Nacht bereits im Voraus zu buchen, um nach einer langen Anreise nicht noch verschiedene Hotels abklappern zu müssen. Hier einige Beispiele für unvergessliche Roadtrips:

Spektakuläre Roadtrips in Deutschland:
- Deutsche Alpenstraße (von Lindau nach Berchtesgaden)
- Märchenstraße (von Hanau nach Bremerhaven)
- Deutsche Weinstraße (von Schweigen-Rechtenbach nach Bockenheim)
- Rheinroute (von Mainz nach Koblenz)
- Deutsche Alleenstraße (von Rügen bis an den Bodensee!)

Traumhafte Routen in Europa:
- Wild Atlantic Way (Irland)
- Bloemen Route (Niederlande)
- Amalfiküste (Italien)
- Romantikstraße (Österreich)
- Transfagarasan Highway (Rumänien)
- Französische Riviera
- Adria Magistrale (Kroatien und Montenegro)
- Atlantic Highway (England)
- Trollstigen (Norwegen)
- Ringstraße (Island)
- North Coast 500 (Schottland)
- Elsässer Weinstraße (Frankreich)
- Burgenstraße (Deutschland und Tschechien)

256. Hinter einem Wasserfall stehen €-€€€

Wie es wohl hinter einem Wasserfall aussieht? Um das Geheimnis zu lüften, müsst ihr euch schon selbst hinter die tosenden Wassermassen wagen. Einige beeindruckende Wasserfälle, hinter die ihr gehen könnt:
- Steinsdalsfossen (Norwegen)
- Seljalandsfoss (Island)
- Salto Sapo (Venezuela)

Um spektakuläre Wasserfälle zu bestaunen, müsst ihr nicht in ferne Länder reisen. In Deutschland gibt es über 500 Wasserfälle, die meisten davon im Süden. Leider sind die wenigsten hiervon «begehbar».

257. Mit dem Nachtzug reisen €€€

Stellt euch vor: kein nächtliches Aufstehen, kein Warten am Gate oder am Securitycheck, keine elendig langen Autofahrten oder Langeweile im Flieger. Die Anreise mit dem Nachtzug kombiniert Komfort mit einem Hauch Abenteuer. Ihr könnt euch im Zug bewegen, bequem spielen, aus dem Fenster schauen und wenn es dunkel wird, entspannt einschlafen. Wenn ihr morgens aufwacht, seid ihr auch schon da.

Mittlerweile erleben Nachtzüge in Europa ein Comeback. Es werden immer neue Strecken angeboten, die euch schlafend an die schönsten Orte bringen – z. B. nach Stockholm, Sylt, Wien oder ans Schwarze Meer. Wer rechtzeitig bucht, profitiert von Frühbucherrabatten. Zudem fahren Kinder deutlich vergünstigt oder sogar kostenlos mit.

258. Einen Sternenpark besuchen €€€

Eure (Ur-)Urgroßeltern konnten sich nachts an einem herrlichen Sternenpanorama erfreuen. Ganz ohne Teleskop konnten sie in einer klaren Nacht bis zu 2.500 Sterne sehen. In der heutigen Zeit ist es nachts so hell, dass die Sterne kaum zu sehen sind.

Doch es gibt sie noch: Orte, an denen ihr einen Blick auf den natürlichen Nachthimmel werfen könnt. Und zwar in Sternenparks. Sternenparks sind anerkannte Gebiete, die nur dünn besiedelt sind und sich darum bemühen, die nächtliche Beleuchtung zu reduzieren.

In Deutschland gibt es sechs dieser von der International Dark-Sky Association ausgezeichneten Sternenparks:
- Die Sterneninsel Spiekeroog
- Die Sterneninsel Pellworm
- Der Nationalpark Eifel
- Der Sternenpark Rhön
- Der Sternenpark Westhavelland
- Der Sternenpark Winklmoos-Alm

Für Kinder ist alles, was mit Planeten, Sternen und Weltall zu tun hat, ein einziges großes Abenteuer und Quelle unzähliger Fragen. Durch das Interesse der Kinder lernen nicht selten auch die Erwachsenen noch etwas dazu – schließlich müssen sie ja die Antworten auf die zahlreichen Kinderfragen parat haben.

Wie wäre es, wenn ihr versucht, die Sternenbilder eurer jeweiligen Geburtsmonate zu entdecken? Hierbei helfen euch Sternenkarten oder Apps wie «Stellarium» oder «Star Walk». Oder aber ihr haltet nach Sternschnuppen Ausschau (Wünschen nicht vergessen). Zum Höhepunkt der Perseiden, um den 12. August herum, sind die Chancen hierfür besonders gut.

Übrigens sind kleine Sternengucker und -guckerinnen im Vorteil: Kinder haben größere Pupillen als Erwachsene. Diese können mehr Licht einfangen, weshalb Kinder am Nachthimmel oft mehr sehen können.

259. Auf einer einsamen Insel übernachten €€€
Wahrscheinlich habt ihr jetzt eine unbewohnte Südseeinsel im Sinn, aber so unrealistisch ist diese Idee gar nicht. Hierzu müsst ihr nicht einmal good old Europe verlassen und auch kein Vermögen hinblättern. Googelt zum Beispiel nach der Insel Otok Ravna Sika in Kroatien oder Coz Castel in der Bretagne.

260. Eine Sprachreise unternehmen €€€
Warum Vokabeln pauken nicht mal mit einem Familienurlaub verbinden? Umgeben von Muttersprachlern und Muttersprachlerinnen lernt es sich auch viel einfacher. Reist doch einmal gemeinsam zum Englischlernen nach Malta, Irland oder Großbritannien. Einige Anbieter sind auf Sprachreisen für Familien spezialisiert. Die Kinder besuchen einen Schülersprachkurs und die Eltern wahlweise einen Business-Englisch- oder Auffrischungskurs. Selbstverständlich bleibt euch noch genug Zeit, das Reiseland zu erkunden.

261. Backpacking €€€
Backpacking bedeutet, dass man all sein Gepäck in einem einzelnen Rucksack trägt und in der Regel mit öffentlichen Verkehrsmitteln reist – ohne vorab gebuchte Unterkünfte und mit kleinem Budget. Vorteile dieser Art zu reisen sind vergleichsweise geringe Kosten, Flexibilität und ein viel intensiverer Kontakt zu Land und Leuten, als es bei einer Pauschalreise der Fall wäre. Backpacking hört sich im ersten Moment zwar nicht gerade nach dem perfekten Familienurlaub, sondern eher nach einer Reiseart für junge Leute an, klappt mit etwas mehr Vorbereitung aber auch wunderbar für Familien. Da man insbesondere mit kleinen Kindern immer etwas mehr Gepäck dabeihat, bieten sich etwa warme Länder als Reiseziele an. Außerdem solltet ihr auf ein gut ausgebautes öffentliches Verkehrsnetz im Zielland achten und nach Möglichkeit außerhalb der Hauptsaison reisen.

262. Mit dem Wohnmobil reisen €€€
Ein Familienurlaub mit dem Wohnmobil ist nicht nur eine günstige Möglichkeit, Urlaub zu machen, sondern ein einziges großes Abenteuer. Es gibt viel zu erleben und neue Gegenden zu erkunden. Hinzukommt: kein nerviges Ein- und dann wieder Auspacken, Flexibilität und viel Platz für Spielzeug. Wenn ihr kein eigenes Wohnmobil habt, ist das übrigens kein Hindernis. Ein Wohnmobil könnt ihr euch für die Dauer eures Urlaubes leihen. Bei den meisten Anbietern findet ihr Fahrzeuge, in denen Familien bis zu sechs Personen Platz finden. Beliebte Ziele für Reisen mit dem Wohnmobil sind die USA, Australien, Neuseeland, Island, Italien oder Norwegen. Aber auch

Deutschland hat für Campingfreunde einiges zu bieten. Wie wäre es zum Beispiel mit Bayern?

263. Außergewöhnlich übernachten €€€

Wer hat – egal in welchem Alter – nicht schon davon geträumt, in einem Baumhaus, in einem Iglu oder gar im Museum zu übernachten? Ganz so abwegig sind diese Ideen nicht. So gibt es mittlerweile mehrere Baumhaushotels in Deutschland, von spartanisch bis luxuriös. Und auch eine Nacht im Museum ist möglich.

- **In einem Baumhaus**
  Natur, Abenteuer und ganz viel Familienzeit – eine Übernachtung im Baumhaus ist ein unvergessliches Erlebnis. Kein Wunder, dass seit der Eröffnung des ersten Baumhaushotels im Jahr 2005 so einige Baumhäuser in den unterschiedlichsten Regionen dazugekommen sind. Ihr habt die Wahl: Vom einfachen Baumzelt bis zum luxuriösen Baumchalet ist alles dabei.

- **In einem Eishotel**
  Minusgrade klingen für euch nicht wie die ideale Schlaftemperatur? Mag sein. Thermo-Schlafsäcke und ganz viel Kuscheln sorgen zumindest dafür, dass ihr nicht erfriert. Für das bisschen Zittern werdet ihr allerdings mit einem beeindruckenden Erlebnis entschädigt. Am nächsten Morgen werdet ihr den warmen Kakao sicher besonders zu schätzen wissen.

- **Im Museum**
  Kein Spaß und auch nicht illegal! Viele Museen, etwa das Museum Lüneburg oder das Aeronauticum bei Cuxhaven, bieten euch diese Erfahrung völlig legal an, ohne dass ihr euch vor den Nachtwächtern verstecken müsst. Wie es wohl sein wird nachts, wenn keiner mehr da ist und die Ausstellungsstücke unheimliche Schatten werfen?

- **In einer Berghütte**

  Imposante Gipfel, klare Bergseen und eine urgemütliche Hüttenatmosphäre erwarten euch bei eurer Übernachtung in einer Berghütte. Für Stadtmenschen halten die Nächte in der Berghütte sogar noch ein ganz besonderes Highlight bereit: Fernab vom Streulicht der Städte könnt ihr bei klarem Himmel ein unglaubliches Sternenpanorama bestaunen, wie ihr es sonst nur aus dem Planetarium kennt.

- **Im Heu**

  Wie heißt es so schön: «Ein Bett im Kornfeld, das ist immer frei …". Zwar nicht unbedingt beim Bauern oder der Bäuerin um die Ecke, dafür aber in eigens eingerichteten Heuhotels. So urig und naturnah zu schlafen, ist nicht nur für Kinder ein Abenteuer, sondern erfüllt auch dem ein oder anderen Erwachsenen einen Kindheitstraum.

- **Im Strandkorb**

  Abends einfach mal im Strandkorb liegen bleiben und mit Blick auf die Sterne und dem Meeresrauschen im Ohr einschlafen – an immer mehr Stränden an Nord- und Ostsee gibt es spezielle Strandschlafkörbe, in denen ihr genau dies erleben könnt.

- **In einem Leuchtturm**

  Leuchttürme waren in der Schifffahrt einst unverzichtbar, heute eher weniger – fortgeschrittenen Technologien sei Dank. Mittlerweile gibt es weltweit Übernachtungsmöglichkeiten in Leuchttürmen.

- **In einem Bubble-Hotel**

  Eine Nacht unter freiem Sternenhimmel – ein Traum, wenn da nicht Witterung, Insekten und ein bisschen zu wenig Komfort wären. Die Lösung: eine Übernachtung in einem Bubble-Hotel! Hier ist der Name Programm. Ihr übernachtet in einer durchsichtigen Wohnblase, die im Winter sogar beheizt wird. Der perfekte Kompromiss zwischen Naturnähe und einem Mindestmaß an Komfort.

 **Tipp:** Schaut bei Erlebnisanbietern wie Jochen Schweizer oder mydays vorbei. Hier findet ihr Anregungen für besondere Übernachtungen.

DEUTSCHLAND ERKUNDEN

264. Gemeinsam jedes Bundesland bereisen €€€
Urlaub in Deutschland lohnt sich überall – es gibt in jedem Bundesland wunderschöne Landschaften und interessante Sehenswürdigkeiten! Macht es euch gemeinsam zur Aufgabe, jedem der 16 Bundesländer einen Besuch abzustatten.

265. Einen Baumwipfelpfad besuchen €€
Wälder sind für Kinder ein einziger riesengroßer Abenteuerspielplatz. Kleine Entdecker und Entdeckerinnen kommen aus dem Staunen teils nicht mehr heraus. Doch die größten Geheimnisse des Waldes sind vom Boden aus gar nicht zu entdecken, denn der Lebensraum vieler Tiere liegt hoch oben in den Baumwipfeln. So ziehen Eichhörnchen hier ihre Jungen groß und springen von Ast zu Ast. Ein Baumwipfelpfad gewährt euch einen Einblick in diesen einzigartigen Lebensraum. In Höhen von bis zu 40 Metern erlebt ihr den Wald aus der Vogelperspektive, die euch sonst verborgen bleibt. Infotafeln und Erlebnisstationen vermitteln Klein und Groß allerhand Wissenswertes zur heimischen Tier- und Pflanzenwelt.

Hier einige Beispiele für Baumwipfelpfade in Deutschland:
- Baumwipfelpfad Schwarzwald
- Baumwipfelpfad Steigerwald
- Waldwipfelweg Sankt Englmar
- Baumwipfelpfad Bayerischer Wald
- Baumkronenweg Ziegelwies
- Skywalk Allgäu (Bayern)
- Baumkronenpfad Beelitz-Heilstätten
- Treetopwalk Edersee
- Baumkronenpfad Hoherodskopf
- Baumwipfelpfad Rügen
- Baumwipfelpfad Usedom
- Baumkronenpfad Ivenacker Eichen
- Baumwipfelpfad Heide-Himmel
- Baumwipfelpfad Harz
- Baumwipfelpfad Bad Iburg

- Panarbora in Waldbröl
- Baumwipfelpfad Fischbach
- Baumwipfelpfad Saarschleife
- Baumkronenpfad Nationalpark Hainich

266. Einen Städtetrip unternehmen €€€

Städtereisen sind langweilig? Im Gegenteil: Städte bieten die ideale Mischung aus Sehenswürdigkeiten, Abenteuer und Erholung für die ganze Familie! Und das alles auf engstem Raum. Langeweile hat garantiert keine Chance – auch bei Regenwetter. In vielen Städten könnt ihr alles gemütlich zu Fuß erkunden, und wenn die Strecken doch mal etwas weiter sind, ist das Netz an öffentlichen Verkehrsmitteln gut ausgebaut.

Hier einige Ideen für Städtetrips mit Sehenswürdigkeiten für die ganze Familie:
- Hamburg: Miniatur Wunderland, Hamburger Dungeon, Dialog im Dunkeln, Tierpark Hagenbeck
- Berlin: Reichstag, Brandenburger Tor, Berliner Mauer, Legoland Berlin
- Bremerhaven: Auswanderermuseum, Phänomenta, Zoo am Meer
- Düsseldorf: Aquazoo, Königsallee, Neanderthal Museum (Mettmann)
- Dresden: Zwinger, Frauenkirche, DDR-Museum, Achterbahnrestaurant
- Essen: Zeche Zollverein, Grugapark, Villa Hügel, Phänomania
- Leipzig: Völkerschlachtdenkmal, Freizeitpark Belantis, Zoo Leipzig
- München: Deutsches Museum, Olympiapark, Tierpark Hellabrunn, Schloss Nymphenburg, Allianz Arena, Englischer Garten
- Trier: Porta Nigra, Amphitheater, Kaiserthermen, Spielzeugmuseum

267. Naturwunder bestaunen €€€

Warum weit reisen, wenn auch Deutschland so viele spektakuläre Naturwunder zu bieten hat? Viele der Naturwunder sind ideal für einen Familienausflug am Wochenende.

Hier einige Beispiele:
- Robben auf Helgoland beobachten
- Im Elbsandsteingebirge wandern
- Die Saarschleife bestaunen
- Die Zugspitze erklimmen
- Den größten Kaltwasser-Geysir der Welt in Andernach bewundern
- Die Geierlay-Hängeseilbrücke überqueren
- Sich am Strand einer Nordseeinsel einbuddeln
- Im Alten Land Äpfel pflücken
- Die Breitachklamm in Bayern überwinden
- Am Deutschen Eck Mosel und Rhein ineinanderfließen sehen
- Die Teufelsmauer im Harz erkunden
- Das Grüne Band (ehemalige innerdeutsche Grenze) entlangwandern
- Ins unendliche Blau des Blautopfs in Blaubeuren blicken
- Dem Kniepsand auf Amrum beim Wandern zuschauen
- Den Donaudurchbruch in Bayern per Kanu erkunden
- Zu den imposanten Kreidefelsen auf Rügen wandern
- Die Eiskapelle am Königssee erforschen
- Das Felsenmeer im Odenwald durchqueren
- Die Externsteine im Teutoburger Wald erklimmen
- Das sanfte Violett der Lüneburger Heide bewundern

268. Einen Freizeitpark besuchen €€€

Der Besuch in einem Freizeitpark ist ein besonderes Erlebnis für alle Familienmitglieder. Kein Wunder: So versprechen Karusselle, Shows, Achterbahnen, Paraden und Spielplätze Vergnügen für alle Altersgruppen.

Die besten Freizeitparks in Deutschland:
- Heidepark, Soltau
- Europa-Park, Rust
- Phantasialand, Brühl
- Erlebnispark Tripsdrill, Cleebronn
- Movie Park Germany, Bottrop
- Bayern-Park, Reisbach

- Serengeti-Park, Hodenhagen
- Fort Fun Abenteuerland, Bestwig
- Holiday Park, Haßloch
- Hansa-Park, Sierksdorf
- Allgäu Skyline Park, Bad Wörishofen
- Jaderpark, Jade
- Ketteler Hof, Haltern am See

269. Historische Orte in Deutschland erkunden €€€

Geschichte muss nicht langweilig sein. Vor allem dann nicht, wenn man sie statt in einem Klassenzimmer an den Originalschauplätzen erlebt. Dafür braucht ihr nicht mal weit zu reisen. In Deutschland wimmelt es nur so von geschichtsträchtigen Orten, die darauf warten, entdeckt zu werden.

Auswahl geschichtsträchtiger Orte in Deutschland:
- Walhalla (Donaustauf, nahe Regensburg)
- U-Boot 995 (Laboe)
- Hermannsdenkmal (Varusschlacht, bei Detmold)
- Das Olympische Dorf von 1936 (Estal, nahe Berlin)
- Michaelskapelle (Oppenheim)
- Der Aachener Dom
- Barbarossa-Denkmal (Kyffhäuserland)
- Völkerschlachtdenkmal Leipzig
- Weimar (Wirkungsstätte von Schiller und Goethe)
- Die alte Römerstadt Trier
- Die Paulskirche in Frankfurt am Main
- Der Archäologische Park in Xanten
- Das Haus der Deutschen Geschichte in Bonn
- Der Regierungsbunker in Bonn
- Römerwelt Rheinbrohl
- Berlin (Checkpoint Charlie, Gedenkstätte Berliner Mauer etc.)
- Das Konzentrationslager Dachau
- Ringheiligtum Pömmelte
- Koloss von Prora (Rügen)
- Besucherbergwerk Rammelsberg
- Auswandererhaus in Bremerhaven
- Dokumentationszentrum Reichsparteitagsgelände (Nürnberg)

270. Eine Burg oder ein Schloss besichtigen €€€

Burgen und Schlösser haben etwas wahrhaft Faszinierendes an sich. Sie sind Zeitzeugen einer längst vergangenen Zeit mit Fürsten, Rittern, Burgfräulein und vielleicht dem ein oder anderen Gespenst. Auch heute noch könnt ihr viele der Prachtbauten besichtigen und bestaunen.

Die schönsten Burgen und Schlösser in Deutschland:
- Schloss Neuschwanstein (Schwangau)
- Schloss Hohenschwangau (Schwangau)
- Schloss Mespelbrunn
- Schloss Wernigerode
- Schloss Lichtenstein
- Schloss Charlottenburg (Berlin)
- Schloss Moritzburg
- Schloss Schwerin
- Schloss Heidelberg
- Schloss Sanssouci (Potsdam)
- Hambacher Schloss (Neustadt an der Weinstraße)
- Schloss Bückeburg
- Schloss Braunfels
- Sababurg (Hofgeismar)
- Glücksburg
- Wasserburg (Wasserburg am Inn)
- Löwenburg (Bad Honnef)
- Wartburg (Eisenach)
- Burg Hohenzollern (Bisingen)
- Reichsburg Cochem
- Burg Eltz (Wierschem)
- Burg Stahleck (Bacharach)

271. Ein Wochenende im Tropical Island verbringen €€€

Sandstrand, tropische Pflanzen und Temperaturen jenseits der 20-Grad-Marke. Was nach einem Tag in der Karibik klingt, soll auch im Tropical Island im brandenburgischen Krausnick möglich sein. Neben Saunen, Whirlpools und Co. könnt ihr exotische Schmetterlinge bestaunen, mit einem Ballon in 60 Meter Höhe steigen oder euch beim Entertainment wie im Urlaub fühlen. Schwierig, alles an einem Tag unterzubringen. Aber müsst ihr auch gar nicht! Übernachtungen werden wahlweise in Zelten, Lodges oder Zimmern angeboten.

272. Das Oktoberfest in München besuchen €€€

«O'zapft is!» – Rund sechs Millionen Besucher strömen jährlich auf das Münchner Oktoberfest. Kein Wunder. Immerhin klingen fesche Dirndl und Lederhosen, Brezn und gute Stimmung in den Festzelten ziemlich verheißungsvoll! Das größte Volksfest der Welt ist aber nicht nur für Erwachsene ein Highlight, sondern bietet auch Kindern etliche Vergnügungen, wenn ihr ein paar Tipps beherzigt:

- **Familientag:** Jeden Wiesn-Dienstag ist bis 19 Uhr Familientag. Zahlreiche Fahrgeschäfte und Imbisse bieten Sonderpreise für Familien an.

- **Familienplatzl:** Besucht den Familienplatzl an der Wiesn-Straße 3. Ob Kinderwagenparkhaus, Babywickelraum oder kindgerechte Portionen bei den Brotzeiten – hier können insbesondere Familien mit kleinen Kindern entspannen.

- **Kinderwagen besser zu Hause lassen:** Buggys und Kinderwagen sind zwar bis 18 Uhr erlaubt (Ausnahme: An Samstagen sind sie ganztägig verboten), aber im Gedränge unpraktisch.

273. Den Hamburger Dom besuchen €€€

Nein, hiermit ist kein sakrales Gebäude gemeint. Neben dem Münchner Oktoberfest ist der Hamburger Dom eines der größten Volksfeste in Deutschland. Und das Beste: Er findet nicht nur einmal, sondern gleich dreimal im Jahr statt. Freut euch auf Losbuden, Fahrgeschäfte und Co. und verbindet eure Reise doch gleich mit weiteren Hamburger Highlights wie dem Miniatur Wunderland oder dem Tierpark Hagenbeck.

274. Eine Grachtenfahrt in Friedrichstadt €€

Friedrichstadt ist nicht Amsterdam. Eine Gemeinsamkeit haben beide Städte allerdings: Grachten, die sich malerisch durch das Städtchen schlängeln. Auf ihnen könnt ihr wunderbar mit dem Kanu oder Stand-up-Paddel fahren oder euch von einem der Grachtenschiffer chauffieren lassen. Nordfriesisches Schietwetter inklusive. Wenn es euch dann doch aufs große weite Meer zieht, ist Friedrichstadt der ideale Ausgangspunkt für Schiffstouren nach Amrum, Föhr oder Helgoland.

275. Ein Freilichtmuseum besuchen €€

Wusstet ihr, dass es in Deutschland über 200 Freiluftmuseen gibt? Bei den Museen handelt es sich häufig um original erhaltene oder zumindest detailgetreu nachgebaute historische Gebäude, die einen Einblick in das Leben einer vergangenen Epoche zeigen. Macht doch mal gemeinsam eine Zeitreise zu den alten Römern, den Germanen, den Wikingern oder erfahrt, wie das Landleben im 18. Jahrhundert war.

Freilichtmuseen in Deutschland (Auswahl):
- Freilichtmuseum Hohenfelden
- Freilandmuseum Lehde
- Rheinland-Pfälzisches Freilichtmuseum
- Freilichtmuseum Klockenhagen
- Pfahlbauten von Unteruhldingen
- Freilichtmuseum Hagen
- Wikinger Museum Haithabu
- LWL-Freilichtmuseum Detmold
- Freilichtmuseum Lindlar
- Museum Kalkriese
- Freilichtmuseum Stade

276. Auf Goldsuche gehen €-€€€

Goldgräber und Goldgräberinnen werden nicht nur in den USA fündig. Auch wenn es in Deutschland nie den großen Goldrausch gab, sind in dem einen oder anderen Fluss oder Bach auch Goldkörnchen zu finden. Als ertragreiche Stellen zum Goldwaschen gelten der Rhein, die Elbe sowie Isar und Inn. Insbesondere kleinere Gewässer wie Eder, Aller oder Göltzsch werden unter Goldgräbern und Goldgräberinnen als Geheimtipps gehandelt. Um die Wahrscheinlichkeit eines Fundes zu erhöhen, bietet sich ein Goldwaschkurs an. Die Profis kennen nicht nur die richtigen Stellen, sondern stellen euch das richtige Equipment zur Verfügung. Euren Fund dürft ihr selbstverständlich mitnehmen.

WELTWEIT (AUSWAHL)

277. Die (neuen) Sieben Weltwunder besichtigen €€€

Die Sieben Weltwunder der Antike kennt ihr vielleicht bereits aus der Schule. Aber wisst ihr, dass es weitere Listen von Weltwundern gibt? Zugegeben: Zwischen den meisten der nachfolgend aufgelisteten Wundern und eurem Wohnort liegen mehrere Tausend Kilometer, aber man wird ja wohl mal gemeinsam träumen dürfen.

Die antiken Weltwunder:
Die ältesten Überlieferungen einer Liste von Weltwundern gehen zurück bis ins 5. Jahrhundert vor Christus. Für den Bau war nicht nur ein immenses technisches Wissen notwendig, sondern auch die Arbeitskraft Tausender Menschen – über viele Jahre hinweg. Von den imposanten Weltwundern aus der Zeit der Antike stehen heute leider nur noch die Pyramiden von Gizeh. Die gewaltigen Pyramiden waren ursprünglich rund 150 Meter hoch und bringen auch im 21. Jahrhundert nicht nur Kinderaugen zum Staunen.

1. Die Pyramiden von Gizeh
2. Das Mausoleum in Halikarnassos (Ruinen nahe Bodrum)
3. Der Koloss von Rhodos
4. Der Artemistempel in Ephesos
5. Die Hängenden Gärten der Semiramis
6. Die Zeusstatue von Olympia
7. Der Leuchtturm von Pharos

Die neuen Weltwunder:
Im Jahr 2007 wurden in einer weltweiten Abstimmung neue (noch existierende) Weltwunder bestimmt.

1. Die Felsenstadt Petra
2. Die Chinesische Mauer (siehe Idee Nr. 285)
3. Die Ruinenstätte Chichén Itzá
4. Die Statue Cristo Redentor in Rio de Janeiro
5. Das Kolosseum in Rom
6. Der Machu Picchu in Peru
7. Das Taj Mahal in Indien

Übrigens: Das Schloss Neuschwanstein verpasste mit einem undankbaren achten Platz nur knapp den Einzug in die prestigeträchtige Liste.

Architektonische Weltwunder der Moderne:
Da nicht nur die Antike, sondern auch die Moderne beeindruckende Bauwerke hervorgebracht hat, gibt es seit 1995 die sieben architektonischen Weltwunder der Moderne. Diese Bauwerke beeindrucken durch hohe Baukunst und ein außergewöhnliches Äußeres.

1. Der CN Tower in Toronto
2. Die Deltawerke und Zuiderzeewerke in den Niederlanden
3. Das Empire State Building in New York
4. Der Eurotunnel zwischen Folkestone in Kent und Coquelles nahe Calais
5. Die Golden Gate Bridge in San Francisco
6. Der Itaipú-Damm zwischen Brasilien und Paraguay
7. Der Panamakanal

Die Weltwunder der Natur:
Neben den von Menschen geschaffenen Weltwundern gibt es auch die sieben Weltwunder der Natur, die im Rahmen einer Onlineabstimmung von der Stiftung «New 7 Wonders of Nature» festgelegt wurden.

1. Der Amazonas
2. Die Halong-Bucht im Norden Vietnams
3. Die Iguazú-Wasserfälle in Brasilien und Argentinien
4. Jejudo (eine Vulkaninsel in Südkorea)
5. Komodo (eine Insel in Indonesien)
6. Der Tafelberg in Südafrika
7. Der Puerto-Princesa-Subterranean-River-Nationalpark auf den Philippinen

278. Micky und Co. im Disneyland besuchen €€€

Verbringt gemeinsam ein paar Tage voller Magie und trefft Disney-Klassiker wie Micky, Minnie, Donald oder neue Helden wie Elsa und Olaf. Gemeinsam entdeckt ihr Dornröschens Schloss, lasst euch von den feurigen Rhythmen aus «König der Löwen» mitreißen und hebt mit Peter Pan zu einem unvergesslichen Flug über die Straßen Londons ab.

Der Themenpark ist auf die Bedürfnisse von Familien ausgerichtet und ganz klar ein Ort, an dem junge und nicht mehr ganz so junge Disney-Fans gemeinsam Spaß haben können. Ihr habt die Qual der Wahl zwischen weltweit sechs Resorts (Paris, Tokyo, Shanghai, Hongkong, Anaheim und Orlando) mit jeweils mehreren Themenparks.

Übrigens: Bis zu einem Alter von drei Jahren haben Kinder freien Eintritt. Bei den horrenden Eintrittspreisen keine unwichtige Information.

279. Auf dem Jakobsweg pilgern €€€

Pilgern mit Kindern – geht das? Und ob! Viele Familien erleben dieses Abenteuer. Auf den Weg zum Grab des Apostels Jakobus in Santiago de Compostela begeben sich Menschen bereits seit dem 11. Jahrhundert. In der heutigen Zeit sind die Beweggründe nicht mehr nur religiös. Erwachsene machen sich auf und pilgern, um Abstand vom Alltag zu bekommen und neue Kraft zu tanken. Diese Ziele lassen sich natürlich nicht 1:1 auf Kinder übertragen. Aber auch Kinder genießen diese intensive Zeit mit der Familie und haben viel Freude daran, in Herbergen zu übernachten, Stempel zu sammeln und nach der Jakobsmuschel als Wegweiser Ausschau zu halten.

Selbstredend sollte die Pilgerplanung an das Alter der Kinder angepasst werden. Folgende Möglichkeiten gibt es, die Pilgererfahrung familiengerecht zu gestalten:

Distanz: Um die begehrte Urkunde («Compostela») zu erhalten, wird eine Mindestdistanz von 100 Kilometern gefordert, die zu Fuß zurückgelegt werden muss. Es verlangt also keiner von euch, den kompletten Camino Francés mit einer Länge von 800 Kilometern zurück zu legen.

Etappen: Die Etappenlänge sollte an das Alter der Kinder angepasst sein. Mit kleineren Kindern sind einige Kilometer völlig ausreichend, bei größeren Kindern können es auch mal 15 Kilometer sein. Für Kinder unter sechs Jahren ist zu empfehlen, einen bergtauglichen Kinderwagen mitzunehmen

Route: Es führen nicht nur alle Wege nach Rom, sondern auch viele nach Santiago de Compostela. Für Familien eignet sich etwa der Camino Francés. Der Weg ist zwar stark frequentiert, dafür hat er aber auch ein gut ausgebautes Netz an Pilgerherbergen und ermöglicht euch so kürzere Wanderetappen.

Jahreszeit: Meidet – sofern möglich – die Hitzemonate Juli und August. Besser geeignet sind der Frühling und Herbst. Zudem sind die Pilgerherbergen zu dieser Zeit nicht so überrannt. Steht lieber früh auf und meidet so die heißen Mittagsstunden.

Unterkunft: Erholsamer Schlaf ist wichtig, um für die nächste Etappe gerüstet zu sein – gerade für Kinder. Statt der klassischen Pilgerherberge sind Landhäuser und Hotels eine komfortable Alternative.

Gepäck: Mit Kindern zu wandern, bedeutet, deutlich mehr Gepäck mitzunehmen. Scheut euch nicht davor, einen Rucksack-Transportservice in Anspruch zu nehmen.

Organisation: Welche Route ist am besten geeignet? Wie finde ich eine Unterkunft? An wen kann ich mich im Notfall wenden? Es kann eine große Erleichterung sein, die Planung in professionelle Hände zu geben und Unvorhergesehenes so gut wie möglich zu verringern. Eine auf den Jakobsweg spezialisierte Agentur kann euch helfen.

Training: Bevor ihr die Reise zur Iberischen Halbinsel antretet, unternehmt zuvor bereits einige längere Wanderungen. So könnt ihr nicht nur eure Wanderschuhe einlaufen, sondern auch viel besser abschätzen, welche Etappenlänge zu euch passt.

**Tipp:** Neben den großen Wallfahrten könnt ihr natürlich auch in Deutschland auf Pilgerreise gehen. Denn hier gibt es über 30 Jakobswege. Es muss auch nicht immer der Jakobsweg sein. So gibt es weitere spannende Pilgerwege in Deutschland wie den Lutherweg, die Bonifatiusroute oder den Elisabethpfad.

280. Die Polarlichter bestaunen €€€

Jeder, der Polarlichter mit seinen eigenen Augen bestaunen durfte, wird bestätigen können: Die grün-glitzernden Lichter sind eines der atemberaubendsten Naturschauspiele überhaupt. Die besten Orte, um auf der Nordhalbkugel (Aurora borealis) die flimmernden Lichter zu bestaunen, liegen in Skandinavien, Alaska oder Kanada. Allerdings gibt es keine Garantie dafür, dass ihr während eurer Reise in die Polarregion auch wirklich Polarlichter sehen werdet. Die größten Chancen hierfür habt ihr statistisch gesehen in den

Monaten von September bis März. Die beste Reisezeit für die Polarlichter auf der Südhalbkugel (Aurora australis) ist dementsprechend von März bis September. Mögliche Länder bzw. Gebiete, in denen ihr das Naturschauspiel auf der Südhalbkugel zu sehen bekommt, sind Australien, Neuseeland, Südgeorgien, die Falklandinseln, Argentinien oder die Antarktis.

281. Nach New York reisen €€€

Taucht ein in den Großstadt-Trubel von New York. Ob Broadway-Show, Entspannung im Central Park oder den Ausblick vom Empire State Building genießen, die Metropole am Hudson River bietet euch unendlich viele Möglichkeiten.

282. Die Tour de France live in Frankreich sehen €€€

Die Tour de France ist das bekannteste Radrennen der Welt und gilt nach der Fußballweltmeisterschaft der Männer und den Olympischen Spielen als das drittgrößte Sportereignis der Welt. Wie gut, dass es nach Frankreich, im Gegensatz zu so manchen Austragungsorten der Fußball-WM und der Olympischen Spiele, nicht ganz so weit ist.

283. Im Toten Meer baden €€€

Das Tote Meer trägt seinen Namen aus einem naheliegenden Grund: Mit einem Salzgehalt von einem Drittel (was zehnmal salziger ist als das Wasser in Nord- und Ostsee) ist es als Lebensraum für Fische oder andere größere Tiere ungeeignet. Mittlerweile passt der Name noch aus einem weiteren traurigen Grund: Voraussichtlich bis zum Jahr 2050 wird das Tote Meer komplett ausgetrocknet sein, da für die Landwirtschaft und Industrie die Zuflüsse angezapft werden. Temperaturen von bis zu 50 °C tun ihr Übriges. Wenn ihr also einmal im Leben auf dem Wasser treiben und dabei Zeitung lesen wollt, beeilt euch. Schon jetzt müsst ihr von den Hotels, die ehemals direkt am Ufer lagen, einige Hundert Meter bis zum Wasser zurücklegen.

284. Liefert euch eine wilde Essensschlacht bei «La Tomatina» €€€

Mit Lebensmitteln wirft man nicht! Vollkommen richtig. Einmal im Jahr wird allerdings eine Ausnahme gemacht. Dann versammeln sich im spanischen Ort Buñol Tausende Menschen, um sich eine wilde Straßenschlacht mit überreifen Tomaten zu liefern. Die Schlacht startet um Punkt 11. Eine Stunde später ist der Spuk auch schon wieder vorbei. Der Ehrenkodex besagt, dass die Teilnehmer und Teilnehmerinnen beim Säubern der Straßen helfen. Falls ihr bei dem Spektakel nicht nur zuschauen, sondern auch teilnehmen wollt, heißt es allerdings schnell sein. Aufgrund der stark gestiegenen Nachfrage ist die Anzahl der Teilnehmer und Teilnehmerinnen seit einigen Jahren begrenzt.

285. Auf der Chinesischen Mauer spazieren €€€

Mit offiziell 21.196 Kilometern Länge ist die Chinesische Mauer ein gigantisches Bauwerk. Zum Vergleich: Um die Mauer zu Fuß abzugehen, würdet ihr bei ca. 20 Kilometern Wegstrecke pro Tag fast drei Jahre unterwegs sein. Die Mauer sollte das Chinesische Reich einst vor Eindringlingen aus dem Norden schützen. Heute ist sie ein durchaus sehenswertes Touristenziel und zählt nicht ohne Grund zu den neuen Sieben Weltwundern.

286. Hautnah die Gischt der Niagarafälle spüren €€€

Die tosenden Niagarafälle sind wahrlich ein spektakuläres Naturschauspiel. Kein Wunder, dass die gewaltigen Wassermassen Jahr für Jahr Millionen Besucher und Besucherinnen aus aller Welt anlocken. Lasst euch bei einer Bootsfahrt den Sprühnebel ins Gesicht treiben und kommt aus dem Staunen nicht mehr heraus.

Die Niagarafälle haben übrigens noch eine weitere Besonderheit: Mitten durch den größten der drei Wasserfälle verläuft die Grenze zwischen den USA und Kanada. Über die Regenbogenbrücke könnt ihr die Grenze zwischen beiden Ländern sogar zu Fuß überqueren.

287. Mittsommer in Schweden feiern €€€

Das Mittsommerfest (schwedisch: Midsommar) ist in Schweden einer der Höhepunkte des Jahres. Am längsten Tag des Jahres feiern die Schweden ausgelassen den Beginn des Sommers. Zum Fest gehören der Tanz um den Maibaum, Blumenkränze, ausgelassene Tänze und typisch schwedische Gerichte – insbesondere eingelegter Hering. Die Nächte rund um Mittsommer heißen auch die «Weißen Nächte». Die Sonne geht in dieser Zeit nur kurz unter und der Himmel glüht bei schönem Wetter in den unterschiedlichsten Farben. Ein unvergessliches Erlebnis, bei dem auch die Kleinsten ausnahmsweise lange aufbleiben dürfen. Zwar ist Mittsommer ein Fest, das die Schweden traditionell im Familien- oder Freundeskreis feiern, doch finden vielerorts auch öffentliche Feiern (zum Beispiel im Freilichtmuseum Skansen in Stockholm) statt. Das Mittsommerfest wird in Schweden immer am Samstag zwischen dem 20. Juni und dem 26. Juni eines Jahres gefeiert.

288. Legoland in Billund besuchen €€€
Im Jahr 1932 begann in der kleinen dänischen Stadt Billund die Erfolgsgeschichte der bunten Steine. Seitdem sind Generationen von Kindern mit Lego aufgewachsen, haben kreative Meisterwerke geschaffen und die wildesten Abenteuer erlebt. Und selbst wenn nicht jeder von euch ein großer Legofan ist, erwarten euch im Legoland Billund großartige Erlebnisse. Neben dem bekannten Miniland wären dies Achterbahnen, Mitmachspiele, 4-D-Kinos, ein Aquarium, ein 36 Meter hoher Aussichtsturm und Piratenschiffe. Da ein Tag kaum reicht, um alle Attraktionen zu erleben, bietet sich nach einem ereignisreichen Tag eine stilechte Übernachtung in einem der Themenhäuser an. Wie wäre es zum Beispiel mit einer Nacht im Ninjago- oder Piratenzimmer?

Übrigens können sich Legofans in Billund nicht nur auf Legoland freuen, sondern auch auf das Legohaus. Hier erwarten euch Legosteine, soweit das Auge reicht. 25 Millionen Steine auf 12.000 Quadratmetern versprechen ein kreatives Spielerlebnis, an das ihr euch noch lange erinnern werdet.

289. Wüstensafari in der Sahara €€€
Wenn ihr schon einmal richtig viel Sand sehen wolltet, seid ihr in der Sahara – mit über neun Millionen Quadratkilometern die größte Wüste der Welt – genau richtig. Wenn ihr glaubt, hier gäbe es außer Sand nichts zu entdecken, täuscht ihr euch: Verlassene Römerstädte, riesige Dünen, Oasen, quirlige Märkte und traditionelle Berberdörfer warten darauf, von euch entdeckt zu werden.

290. Den tropischen Regenwald erkunden €€€
Es gibt Orte auf der Welt, die kann man nicht beschreiben, sondern muss sie gesehen haben. Hierzu gehören tropische Regenwälder. Nirgendwo sonst ist der Artenreichtum so hoch und das Grün so satt wie hier. Wenn ihr euch einmal wie echte Entdecker oder Entdeckerinnen fühlen möchtet, ist ein Trip in den Regenwald ein Muss für eure Bucketlist.

Reiseziele mit tropischen Regenwäldern (Auswahl):
- Indonesien
- Sri Lanka
- Puerto Rico
- Peru

- Mexiko
- Brasilien
- Costa Rica
- Venezuela
- Guatemala
- Tansania
- Uganda
- Australien

291. Zur Tierbeobachtung auf die Galapagosinseln €€€

Nistende Flamingos, schlüpfende Schildkröten, neugierige Seelöwen und flügge werdende Wellenalbatrosse – die Artenvielfalt auf den Galapagosinseln ist einzigartig. Durch die Abgeschiedenheit der Inseln findet man dort viele Tiere, die es nirgendwo anders auf der Welt gibt. So leben nur hier die berühmten Galapagos-Schildkröten. Schon Charles Darwin war ganz angetan von der einmaligen Tierwelt und entwickelte hier seine Evolutionstheorie.

292. St. Patrick's Day in Irland feiern €€€

Verwunschene Landschaften, verfallene Burgen und geheimnisvolle Legenden – Irland ist immer eine Reise wert. Am 17. März aber noch einmal ganz besonders. An diesem Tag feiern die Iren mit traditioneller Musik und imposanten Paraden den Namenstag des Heiligen Patrick, Schutzpatron der Insel. Erlebt, wie die ohnehin schon grüne Insel für einen Tag noch grüner wird und Groß und Klein ausgelassen feiern.

293. Große Tierwanderung in Afrika erleben €€€

Jahr für Jahr verlassen Hunderttausende Gnus, Zebras und Gazellen die Serengeti in Tansania auf der Suche nach Futter und Wasser in Richtung Kenia. Begleitet werden sie von hungrigen Löwen, Geparden, Leoparden, Hyänen, Schakalen und Geiern. Die große Tierwanderung ist eines der größten Naturspektakel auf unserem Planeten. Wann sonst im Leben bekommt man die einmalige Gelegenheit, so viele verschiedene Tierarten in freier Wildbahn zu erspähen? Plant ihr eine Safari, ist der Oktober der optimale Monat für eine Reise nach Tansania. Denn dann überqueren zahllose Huftiere die tosenden Flüsse Grumeti River und Mara River.

294. Wildzelten in Skandinavien €€€

Ihr träumt davon, auf Wanderschaft zu gehen und dort euer Zelt aufzuschlagen, wo es euch gerade gefällt? Dann ab nach Schweden, Finnland und Norwegen. Denn im Gegensatz zu Deutschland gilt hier das «Jedermannsrecht» (schwedisch: «Allemansrätten»). Sprich, Zelten in freier Wildnis ist erlaubt. Darüber hinaus dürft ihr wilde Beeren und Pilze für den Eigenbedarf sammeln und sogar ein Feuer machen, solange keine Brandgefahr besteht. Wenn das mal keine perfekten Voraussetzungen für einen Abenteuerurlaub mit der ganzen Familie sind.

295. Zum Nordkap reisen

Nördlicher geht es nicht mehr – zumindest nicht auf dem Festland. Das Nordkap auf der norwegischen Insel Magerøya gilt als der nördlichste Punkt des europäischen Festlandes. Von dem ca. 307 Meter hohen Nordkapfelsen habt ihr eine atemberaubende Aussicht auf die arktische Landschaft und den endlosen Ozean. Und euch erwarten im äußersten Norden noch einige weitere Highlights. Im Hochsommer geht die Sonne überhaupt nicht unter, während es im Winter überhaupt nicht hell wird. Dafür habt ihr in der dunklen Jahreszeit gute Chancen, die spektakulären Nordlichter zu bestaunen.

296. Der Wachablösung vor dem Buckingham-Palast beiwohnen

Der Buckingham-Palast ist die offizielle Residenz der britischen Monarchen. Bewacht wird der Buckingham-Palast von bestens ausgebildeten Soldaten in roten Jacketts und Bärenfellmützen. Mit Sicherheit habt ihr schon einmal ein Bild dieser charakteristischen Uniform gesehen. Einen Blick auf den Buckingham-Palast zu werfen, ist genauso ein «Must See» in London, wie die Wachablösung.

Der Wachwechsel «Changing the Guard» ist eine pompöse Zeremonie, begleitet mit viel Musik. Die Soldaten der alten und neuen Schicht marschieren dabei kreuz und quer über den Vorhof des Palastes. Dabei salutieren sie immer wieder und präsentieren ihre Waffen.

297. Einmal den Eiffelturm besteigen €€€

41 Jahre lang war der 324 Meter hohe Eiffelturm in Paris das höchste Gebäude der Welt. Auch wenn dieser Rekord längst eingeholt wurde, ist der Eiffelturm immer noch eines der bekanntesten Wahrzeichen weltweit und kann selbstverständlich besichtigt werden. Die erste Etage befindet sich auf etwa 58 Metern Höhe, die zweite auf knapp 115 Metern und die dritte Etage des Eiffelturms liegt in sagenhaften 276 Metern Höhe. Ganz oben angekommen, habt ihr eine fantastische Aussicht auf das Palaisdu Trocadéro, die Seine, den Champ de Mars und bei sehr klarem Wetter sogar auf die 60 Kilometer entfernte Kathedrale von Chartres.

Tipp: Wenn ihr vor dem langen Anstehen und den horrenden Eintrittspreisen zurückschreckt, besucht doch alternativ die kostenlose Aussichtsplattform im Traditionskaufhaus Galeries Lafayette. Dort oben habt ihr ebenfalls einen herrlichen Blick über die französische Hauptstadt.

298. Über den Walk of Fame flanieren €€€

Über ganze 18 Häuserblocks erstreckt sich der legendäre Walk of Fame. Mehr als 2.500 Stars aus dem amerikanischen Unterhaltungsbusiness sind hier mit ihrem Namen verewigt. Flaniert gemeinsam über den wohl bekanntesten Bürgersteig der Welt und geht auf die Suche nach euren ganz persönlichen Lieblingen. Neben Elvis Presley, Marilyn Monroe, Queen, Marlene Dietrich, Frank Sinatra, Bob Marley oder Arnold Schwarzenegger findet ihr auf dem Walk of Fame auch allerhand Trickfiguren.

Liste von fiktionalen Charakteren auf dem Walk of Fame (Auswahl):
- Bugs Bunny
- Donald Duck
- Shrek
- Kermit der Frosch
- Micky Maus
- Minnie Maus
- Die Muppets
- Die Simpsons
- Snoopy
- Tinker Bell
- Winnie Pooh

299. Ferien wie in Bullerbü €€€

Astrid Lindgrens schwedisches Kinderparadies «Bullerbü» gibt es wirklich, auch wenn der Name ein anderer ist. In Ort Sevedstorp, einem kleinen Ort in Småland mit gerade einmal zehn Einwohnern, findet ihr umgeben von grünen Wiesen drei rote Holzhäuschen, den Süd-, Nord- und Mittelhof, wie sie in Astrid Lindgrens Kinderbuch beschrieben sind. Auf dem Mittelhof ist in den 1920er-Jahren Astrid Lindgrens Vater August Eriksson aufgewachsen. Außerdem wurden hier die Bullerbü-Filme gedreht. Auf dem Mittelhof könnt ihr, wenn er nicht gerade ausgebucht ist, sogar übernachten und euch dabei wie Lasse, Bosse und Co. fühlen.

300. Ein Besuch auf dem Wiener Prater €€€

Ehemals Jagdrevier der Habsburger, ist der Prater heute ein beliebtes Ausflugs- und Erholungsgebiet. Ein besonderes Highlight ist der gleichnamige nostalgische Vergnügungspark. Zu den Attraktionen zählen ein 5-D-Kino, ein Flug in den Weltraum mit Apollo 12, Achterbahnen und ein Geisterschloss. Das Wahrzeichen ist das weithin sichtbare Riesenrad, das bereits seit 1897 seine Runden dreht. In den originalgetreuen Waggons sitzt ihr ganz gemütlich und habt eine herrliche Aussicht über die österreichische Hauptstadt. Wenn euch nach all der Action der Hunger quält, sorgen zünftige Würstelstände für euer leibliches Wohl.

SECHS TIPPS FÜR DAS LEBEN MIT EURER BUCKETLIST

Der wichtigste Schritt ist getan: Ihr habt eure Bucketlist erstellt. Nun ist eine Bucketlist aber leider kein Selbstläufer. Damit die Liste einen festen Platz in eurem Familienalltag bekommt, hier einige Tipps für euch:

1. TIPP: NEHMT DEN DRUCK RAUS

Den allerwichtigsten Tipp zuerst: Macht euch mit eurer Bucketlist bitte keinen Druck. Es ist überhaupt nicht schlimm, wenn ihr scheinbar nur langsam vorankommt oder ihr eure Pläne öfter mal verschieben müsst. Es geht bei eurer Bucketlist nicht um das perfekte Ergebnis (möglichst viele Häkchen), sondern darum, gemeinsam Spaß zu haben, neue Eindrücke zu gewinnen und unvergessliche Erinnerungen zu generieren. Dies alles ist nicht von der Anzahl an Häkchen auf eurer Bucketlist abhängig. Streicht die Punkte von der Liste, die euch nach einiger Zeit nicht mehr zusagen, statt sie halbherzig umzusetzen und lasst eure Bucketlist ruhig zeitweilig ruhen, wenn euer Leben es gerade nicht zulässt. Betrachtet eure Bucketlist als freundliche Erinnerung an eure gemeinsamen Pläne, statt als Muss. Es geht einzig und allein darum, das Leben auszukosten und wertvolle Zeit mit der Familie zu verbringen.

2. TIPP: BEGINNT MIT EINEM «LEICHTEN» PUNKT

Jetzt habt ihr voller Elan eure Familien-Bucket-List erstellt, und wie sieht es nach ein paar Wochen aus? Die Bucketlist liegt immer noch da. Mittlerweile vielleicht sogar unter einer dicken Schicht Pizzaflyer vergraben. Dabei hat es doch so gut angefangen. Fühlt euch nicht schlecht, wenn ihr euch in dieser Beschreibung wiederfindet. Gewohnheiten zu ändern, ist schwer, insbesondere wenn eure Familienzeit bislang immer aus den immer gleichen Aktivitäten bestand und ihr von nun an plötzlich die Welt entdecken wollt. Daher mein Tipp: Beginnt mit einem «leichten» Punkt. Wenn ihr als ersten Punkt direkt mit einem Segeltörn starten wollt, auf den ihr erst hinsparen und für den ihr auch noch Segeln lernen müsst, ist Frust vorprogrammiert. Beginnt ihr mit einem kleinen, aber nicht weniger bedeutsamen Punkt, etwa einem Besuch im Planetarium, selbst gemachter Limonade oder einem Kunstwerk aus Fingerfarben, passiert etwas ganz Großartiges: Ihr könnt feierlich euer erstes Häkchen setzen. Dieser erste Schritt ist entscheidend. Denn habt ihr einmal angefangen, liegt der schwerste Teil hinter euch. Nämlich der, überhaupt anzufangen. Habt ihr einmal Feuer gefangen, folgen weitere Häkchen (fast) von allein.

3. TIPP: DIE BUCKETLIST PRÄSENT HALTEN

Was bringt euch eure Bucketlist, wenn sie in der Schublade verschwindet und Jahre später beim Ausmisten wieder zum Vorschein kommt? Richtig: reichlich wenig. Daher ist es wichtig, dass ihr eure Bucketlist präsent haltet. Wie ihr das für euch umsetzt, bleibt euch überlassen. Mitunter hilft es schon, sie sichtbar an den Kühlschrank zu pinnen. So fällt euer Blick unweigerlich immer mal wieder darauf. Steht euch ein freier Nachmittag oder ein unverplantes Wochenende bevor, könnt ihr spontan schauen, welche der Punkte ihr umsetzen könntet. Dies funktioniert natürlich nur bei kleinen Punkten, die recht wenig Vorlauf benötigen. Für «größere» Ziele, die zeitintensiver sind und/oder für die ihr etwas tiefer in die Taschen greifen müsst, kann es aber hilfreich sein, euch euren Kalender zu schnappen und feste Termine einzutragen. Wie wäre es, wenn ihr euch an Silvester zusammensetzt und das vergangene Jahr Revue passieren lasst? Was konntet ihr in diesem Jahr von eurer Bucketlist streichen? Welche Erlebnisse sind euch besonders in Erinnerung geblieben? Was möchtet ihr im kommenden Jahr unbedingt erleben? So könnt ihr etwa Ende des Jahres überlegen, welche Reise ihr in den Schulferien machen könntet, und diese bereits buchen. Außerdem könnt ihr euch eine Handvoll Aktivitäten vornehmen, die ihr im kommenden Jahr auf jeden Fall umsetzen möchtet, etwa eine Kanutour im Sommer, Erdbeeren pflücken im Juni und Pilze sammeln im Herbst. Tragt euch diese Vorhaben als festen Termin im Kalender ein. Dies schafft eine größere Verbindlichkeit und euch kommt kein anderer Termin in die Quere. Für einige Aktivitäten, wie ein Besuch im Marionettentheater oder eine Fahrt im Heißluftballon, bedarf es ohnehin einer frühzeitigen Buchung. Wieso also nicht jetzt schon Nägel mit Köpfen machen? Indem ihr eine Reihe von Terminen bereits vorplant, habt ihr direkt ein paar Aktivitäten, auf die ihr euch freuen könnt.

4. Tipp: Eure Bucketlist dynamisch halten

Eure Bucketlist ist weder in Stein gemeißelt, noch seid ihr verpflichtet, hinter all die Punkte auch einen Haken zu setzen. Im Gegenteil: Die Bucketlist, die ihr jetzt erstellt, ist lediglich der Startschuss, überhaupt anzufangen. Ihr müsst nicht jetzt schon wissen, was ihr in fünf Jahren erleben oder erreichen wollt. Eure Lebensumstände ändern sich, ihr werdet älter, Interessen ändern sich und vielleicht kommen sogar neue Familienmitglieder hinzu. Mit Sicherheit werdet ihr immer wieder auf Dinge stoßen, die ihr gerne erleben möchtet. Zum Beispiel, weil ihr im Geschichtsunterricht das berühmte Orakel von Delphi kennenlernt und erfahrt, dass es diese antike Stätte noch immer zu besichtigen gibt. Oder euer Nachbar erzählt euch völlig begeistert von seinem neuen Hobby Federfußball. Bedenkt, je aktiver ihr werdet und je aufregendere Dinge ihr erlebt, desto häufiger werdet ihr auf potenzielle Abenteuer, Experimente, Reiseziele und Co. stoßen. Diese Punkte haben es verdient, einen Platz auf eurer Bucketlist zu bekommen. Der umgekehrte Fall kann natürlich auch auftreten. Wenn ihr merkt, dass einige Ziele euch einfach nicht mehr wichtig sind oder ihr ihnen entwachsen seid, dann streicht sie von eurer Bucketlist. Denn es bringt euch nichts, diese Dinge weiter auf der Liste stehen zu haben, wenn sie für euch eher zu einer lästigen Pflicht geworden sind.

5. TIPP: VEREWIGT EURE ERINNERUNGEN

Aus vielen eurer Bucket-List-Abenteuer werden Momente, die ihr am liebsten niemals vergessen möchtet, weil sie so schön waren. So schön, dass ihr noch Jahre später liebend gern an sie denkt. Leider verblassen Erinnerungen mit der Zeit. Zum Glück gibt es einige kreative Hilfsmittel, die diese Momente lebendig halten und die ihr selbstverständlich auch kombinieren dürft.

FOTOKREATIONEN

Fotos sind der Klassiker, wenn es darum geht, Erinnerungen festzuhalten. In der heutigen Zeit sind sie mit Digitalkamera oder dem Smartphone schnell erstellt. Genauso schnell verschwinden sie aber häufig im digitalen Archiv. Wie wäre es stattdessen, wenn ihr euch immer Ende des Jahres zusammensetzt und ein Fotoalbum des vergangenen Jahres erstellt? Dies muss gar nicht viel Zeit verschlingen. Bei Anbietern digitaler Fotobücher könnt ihr fertige Layoutvorlagen nutzen und euch Vorschläge anzeigen lassen.

Möchtet ihr lieber selbst kreativ werden, ist ein Scrapbook genau das Richtige für euch. Das Wort ist eine Kombination aus den englischen Wörtern «Scrap» (Stück, Schnipsel) und «Book» (Buch). Beim Scrapbooking wird das klassische Fotoalbum um handschriftliche Notizen, Erinnerungsstücke (z. B. Eintrittskarten oder Bahntickets), Zeichnungen, Sticker usw. ergänzt. So entsteht ein zugegeben etwas zeitaufwendiges, dafür aber sehr individuelles Erinnerungsalbum.

Manchmal sind es auch einzelne Lieblingsfotos, die ihr besonders in Szene setzen möchtet. Möglichkeiten, einige ausgewählte Fotos besonders in Szene zu setzen, sind vielfältig. Ihr habt die Qual der Wahl. So könnt ihr euer Bild mittlerweile nicht nur als Wandbild, sondern auch als Handyhülle, auf einer Tasse, einem T-Shirt oder als Puzzle bestellen.

TAGEBUCH SCHREIBEN

Tagebuch schreiben mag altmodisch klingen, wenn es um das Festhalten von Erinnerungen geht, ist diese Variante aber sehr effektiv. Ihr könnt nämlich auch eure Gedanken und Gefühle festhalten. Etwa vermeintliche Kleinigkeiten, die euch an diesem Tag ein Lächeln ins Gesicht gezaubert haben oder bei denen ihr allesamt herzhaft gelacht habt. Es braucht hierzu nicht immer ein langer Tagebucheintrag zu sein. Ein paar Notizen reichen!

Noch schneller geht es, wenn ihr statt eines schriftlichen Tagebuches ein Sprachtagebuch führt. Die Vorteile: Eine Sprachnotiz ist schnell gemacht und erlaubt auch kleineren Kindern, ihre Erinnerungen festzuhalten.

EINE ERINNERUNGSKISTE ANLEGEN

Die Eintrittskarte vom Starlight Musical, ein Kastanienmännchen, eure Bahntickets nach Berlin oder Muscheln aus dem Ostseeurlaub – eine Erinnerungskiste beherbergt eure ganz persönlichen (Erinnerungs-)Schätze.

EIN ERINNERUNGSVIDEO DREHEN

Im Vergleich zu Fotos haben Videos einen unglaublichen Mehrwert. Denn ein Foto friert nur einen Moment ein. Videos hingegen können Stimmungen viel besser einfangen, da sie auch Bewegungen und Geräusche aufnehmen. Auch Jahre später vermittelt ein Video noch einen guten Eindruck von kleinen Details und den Gefühlen, die ihr damals hattet.
Um ein Erinnerungsvideo eures Erlebnisses zu drehen, braucht ihr nicht viel. Eine Kamera oder ein Smartphone, einen Computer und ein wenig Kreativität sollten vorhanden sein. Um eure Videos nachträglich zu bearbeiten, ist nicht zwingend eine teure Profisoftware erforderlich. Bereits mit kostenlosen Apps können auch Anfänger ganz einfach Videos schneiden sowie Übergänge und Effekte einfügen.

REISEZIELE AUF EINER KARTE ABSTECKEN

Speziell für eure Reiseabenteuer ist eine Weltkarte zum Abstecken (alternativ eine Deutschland- oder Europakarte) eine fantastische Möglichkeit. Die Karten sind in vielerlei Ausführungen – z. B. als Magnetwand, zum Freirubbeln oder Pinnen – erhältlich. Zweck dahinter ist es, die Regionen, die ihr schon besucht habt, freizurubbeln oder mit einem Pin zu versehen. Je nach Größe der Karte könnt ihr das Ganze mit Fotos oder Tickets noch persönlicher gestalten. Ein weiterer Pluspunkt: Die Karten machen an eurer Wohnzimmerwand ordentlich was her und die Erinnerungen an eure Reise sind euch stets präsent.

REVERSE-BUCKET-LIST

Eine weitere Möglichkeit, eure Erinnerungen festzuhalten, habt ihr bereits in Kapitel 3 kennengelernt. Führt eure Reverse-Bucket-List doch einfach fort, indem ihr die Punkte auf eurer Bucketlist, die ihr abhaken konntet, auf eure Reverse-Bucket-List verschiebt. So habt ihr eine Auflistung all eurer besonderen Momente als Erinnerungsstütze immer parat.

6. TIPP: INSPIRIERT ANDERE

Teilt eure Bucketlist mit euren Freunden und Bekannten und inspiriert sie ebenfalls, eine Bucketlist zu erstellen. Hiervon profitieren nicht nur die anderen, sondern auch ihr. Schließlich wollt ihr doch mit gutem Beispiel vorangehen und möglichst viele eurer Punkte abhaken. Mitunter habt ihr auch ein paar tolle Mitstreiter gefunden, die einen oder gleich mehrere Punkte mit euch umsetzen werden. Und wer weiß, vielleicht erhaltet ihr durch die Neu-Bucket-Lister wiederum Ideen für eure eigene Familien-Bucket-List.

Brainstorming

Hier ist PLATZ für EIGENE IDEEN.

Holt eure Stifte raus, setzt euch gemeinsam hin und sammelt Ideen.

Schreibt jede Idee auf, die euch in den Sinn kommt. Ganz egal ob klein oder groß.

Hier ist PLATZ für jede EURER IDEEN.

HIER IST PLATZ FÜR JEDE EURER IDEEN.

HIER IST PLATZ FÜR JEDE EURER IDEEN.

HIER IST PLATZ FÜR JEDE EURER IDEEN.

HIER IST PLATZ FÜR JEDE EURER IDEEN.

Unsere Bucketlist

Es ist an der Zeit, dass ihr aus all euren Ideen auf den vorherigen Seiten auswählt. Welche Abenteuer schaffen es wirklich auf eure Bucketlist?

Wählt zwischen **großen** und **kleinen Abenteuern**. Dinge, die ihr gemeinsam schnell umsetzen könnt, aber ebenso Ziele, die etwas Zeit bis zur Umsetzung benötigen.

✷ Die gute Mischung ist wichtig. **Wählt mindestens 25 ABENTEUER aus und schreibt** sie auf die unten folgenden Zeilen.

6. ☐ ....
....
....

7. ☐ ....
....
....

8. ☐ ....
....
....

9. ☐ ....
....

10. ☐ ....

....

11. ☐ ....

....

....

12. ☐ ....

....

13. ☐ ....

....

14. ☐ ....

....

SCHREIBE HIER
25 ABENTEUER

15. ☐ ....

....

....

16. ☐ ....

....

....

17. ☐ ....

....

....

18. ☐ ....

....

19. ☐
20. ☐
21. ☐
22. ☐
23. ☐

SCHREIBE HIER
25 ABENTEUER

24. ☐ ....

....

....

25. ☐ ....

....

....

26. ☐ ....

....

....

27. ☐ ....

....

28. ☐ ....

....

29. ☐ ....

....

....

30. ☐ ....

....

31. ☐ ....

....

32. ☐ ....

....

SCHREIBE HIER
25 ABENTEUER

33. ☐ ....

....

....

34. ☐ ....

....

....

35. ☐ ....

....

....

36. ☐ ....

....

37. ☐ ....
....

38. ☐ ....
....
....

39. ☐ ....
....

40. ☐ ....
....

41. ☐ ....
....

42. ☐ ....

....

....

43. ☐ ....

....

....

44. ☐ ....

....

....

45. ☐ ....

....

SCHREIBE HIER
25 ABENTEUER

DATUM & DEINE IDEE

MALE EIN BILD

UNSERE ABENTEUER

PLATZ ZUM EINKLEBEN

oder sonstigen Dingen, die mit dem Abenteuer zu tun hatten

DATUM & DEINE IDEE

MALE EIN BILD

UNSERE ABENTEUER

PLATZ ZUM EINKLEBEN
oder sonstigen Dingen, die mit dem Abenteuer zu tun hatten

DATUM & DEINE IDEE

MALE EIN BILD

UNSERE ABENTEUER

PLATZ ZUM EINKLEBEN

oder sonstigen Dingen, die mit dem Abenteuer zu tun hatten

PLATZ ZUM EINKLEBEN
oder sonstigen Dingen, die mit dem Abenteuer zu tun hatten

DATUM & DEINE IDEE

MALE EIN BILD

UNSERE ABENTEUER

PLATZ ZUM EINKLEBEN

oder sonstigen Dingen, die mit dem Abenteuer zu tun hatten

DATUM & DEINE IDEE

MALE EIN BILD

UNSERE ABENTEUER

PLATZ ZUM EINKLEBEN

oder sonstigen Dingen, die mit dem Abenteuer zu tun hatten

DATUM & DEINE IDEE

MALE EIN BILD

UNSERE ABENTEUER

PLATZ ZUM EINKLEBEN
oder sonstigen Dingen, die mit dem Abenteuer zu tun hatten

DATUM & DEINE IDEE

MALE EIN BILD

UNSERE ABENTEUER

PLATZ ZUM EINKLEBEN
oder sonstigen Dingen, die mit dem Abenteuer zu tun hatten

DATUM & DEINE IDEE

MALE EIN BILD

UNSERE ABENTEUER

PLATZ ZUM EINKLEBEN

oder sonstigen Dingen, die mit dem Abenteuer zu tun hatten

PLATZ ZUM EINKLEBEN
oder sonstigen Dingen, die mit dem Abenteuer zu tun hatten

WEITERFÜHRENDE QUELLEN

BUCKET-LIST-FILME
Das bescheuerte Herz (2017)
Das Beste kommt zum Schluss (2007)

BUCKETLIST ONLINE ERSTELLEN
Auf diesen Plattformen könnt ihr euch eine Online-Bucket-List erstellen und mit einer Community in Austausch treten.
https://www.bucketlist.net/
https://www.bucketlist.org/

ERLEBNISANBIETER
Prima auch zur Inspiration 😊
mydays
https://www.mydays.de/

Jochen Schweizer
https://www.jochen-schweizer.de/

Fun4you
https://www.fun4you.de/

Jollydays
https://jollydays.de/

Die Erlebnisfabrik (Raum Sachsen, Berlin und Brandenburg)
https://www.erlebnisfabrik.de/

Vergleichsportal für Erlebnisgeschenke
https://www.erlebnisgeschenke.de/

REISEN
Tripadvisor
Bewertungsportal für Erlebnisse, Sehenswürdigkeiten und Unterkünfte weltweit
https://www.tripadvisor.de/

Wwoof (Worldwide Opportunities on Organic Farms)
Weltweite Möglichkeiten, auf Biobauernhöfen für freie Kost und Logis mitzuhelfen
https://wwoof.net/

Blindbooking
z. B. bei Eurowings https://www.eurowings.com/de.html

Baumhaushotels
https://www.baumhaushotels.eu/

Übernachten im Strandkorb
https://www.nordseetourismus.de/schlafstrandkoerbe

Glamping
https://glamping.info/

Orient Express / Bahn-Nostalgiereisen
https://www.bahn-nostalgiereisen.com/

DRAUSSEN
Komoot (Routenplanung und Navigation)
Wanderungen, Radtouren, Mountainbike-Touren, Joggingstrecken
https://www.komoot.de/

Geocaching
https://www.geocaching.com/play

Mundraub
https://mundraub.org/

Baumwipfelpfade
https://www.baumwipfelpfade.de/

Outdooractive
Reiseführer und Tourenplanung
https://www.outdooractive.com/de/

Sternenparks
https://www.darksky.org/

Extremwanderungen
https://www.megamarsch.de/
https://mammutmarsch.de/

Mikroabenteuer
Foerster, Christo (2019): Mikroabenteuer. Raus und machen! Einfach gute Outdoor-Erlebnisse vor der Haustür. Ideen, Ausrüstung, Motivation (HarperCollins).

Humphreys, Alastair (2014): Microadventures: Local Discoveries for Great Escapes (HarperCollins UK).

Eberhard, Frank (2020): Mikroabenteuer Berge. 40 Ideen. Einfach. Machen. Ohne viel Aufwand das Abenteuer in den Bergen erleben (Bruckmann Verlag).

Ekelund, Torbjørn (2016): Im Wald. Kleine Fluchten für das ganze Jahr (Piper ebooks).

Canaves, Sebastian (2020): Die coolsten Mikroabenteuer Deutschlands: Über 100 Ideen für unvergessliche Erlebnisse fern vom Alltag. (NYA Company).

NACHHALTIGKEIT
Eck, Janine (2019): 100 Dinge, die du für die Erde tun kannst: Nachhaltig handeln – Mitmach-Tipps – Natur und Umwelt (Schwager & Steinlein Verlag).

Graf, Caroline (2020): 55 gute Taten für Kinder: Deine Nachhaltigkeits-Challenge.

Langenscheid, Selina u. Pongratz, Ulrike (2021): Familie Nachhaltig: Mit Kindern umweltschonend, gesund und plastikfrei leben.

Witt, Olga (2019): Zero Waste Baby: Kleines Leben ohne Müll (Tectum Wissenschaftsverlag).

EHRENAMT & GUTE TAT

Freiwilligendatenbank der Aktion Mensch
http://www.aktion-mensch.de/freiwillig/

Betterplace.org
Hilfsprojekte, Ehrenamt und Spendenaktionen
https://www.betterplace.org

Random acts of kindness
https://www.randomactsofkindness.org/

Wünsche erfüllen
https://www.wunschpate.de/
https://www.wunschwisser.de/

Patenschaften
Unicef (https://www.unicef.de/spenden/unicef-pate)
Plan International (https://www.plan.de/patenschaft.html)
World Vision (https://www.worldvision.de/patenschaft/pate-werden)
SOS Kinderdörfer (https://www.sos-kinderdorf.de/portal/spenden/pate-werden/kinderpate)
Kindernothilfe e. V. (https://www.kindernothilfe.de/kinderpatenschaft)

SONSTIGE ERLEBNISSE

Autokino
Übersicht von Autokinos in Deutschland
https://denise-bucketlist.de/autokino-meine-erfahrungen

Tickets TV-Shows
https://tvtickets.de/
https://brainpool-tickets.de/
https://tickets.endemolshine.de/

Ahnenforschung
https://www.ahnenforschung.de/
https://www.bundesarchiv.de/
https://www.ancestry.de/
https://www.myheritage.de/
https://www.volksbund.de/

Entdecke
weitere Bücher in unserem
Online-Shop

www.remote-verlag.de